DITADURA CIVIL-MILITAR
MEMÓRIAS DE EMMANUEL BEZERRA DOS SANTOS NO ENSINO DE HISTÓRIA

Editora Appris Ltda.
1.ª Edição - Copyright© 2025 dos autores
Direitos de Edição Reservados à Editora Appris Ltda.

Nenhuma parte desta obra poderá ser utilizada indevidamente, sem estar de acordo com a Lei nº
9.610/98. Se incorreções forem encontradas, serão de exclusiva responsabilidade de seus organi-
zadores. Foi realizado o Depósito Legal na Fundação Biblioteca Nacional, de acordo com as Leis nᵒˢ
10.994, de 14/12/2004, e 12.192, de 14/01/2010.

Catalogação na Fonte
Elaborado por: Dayanne Leal Souza
Bibliotecária CRB 9/2162

N244d 2025	Nascimento, Antonio Xavier do Ditadura civil-militar: memórias de Emmanuel Bezerra dos Santos no ensino de história / Antonio Xavier do Nascimento. – 1. ed. – Curitiba: Appris, 2025. 143 p. : il. ; 23 cm. – (Coleção Ciências Sociais. Seção História). Inclui referências. ISBN 978-65-250-7688-1 1. Caiçara do Norte (RN). 2. Ditadura civil-militar. 3. Emmanuel Bezerra dos Santos. 4. Ensino de história. 5. Memória. I. Nascimento, Antonio Xavier do. II. Título. III. Série. CDD – 321.9

Livro de acordo com a normalização técnica da ABNT

Appris
editorial

Editora e Livraria Appris Ltda.
Av. Manoel Ribas, 2265 – Mercês
Curitiba/PR – CEP: 80810-002
Tel. (41) 3156 - 4731
www.editoraappris.com.br

Printed in Brazil
Impresso no Brasil

Antonio Xavier do Nascimento

DITADURA CIVIL-MILITAR

MEMÓRIAS DE EMMANUEL BEZERRA DOS
SANTOS NO ENSINO DE HISTÓRIA

Appris
editora

Curitiba, PR
2025

FICHA TÉCNICA

EDITORIAL Augusto Coelho
Sara C. de Andrade Coelho

COMITÊ EDITORIAL E CONSULTORIAS
Ana El Achkar (Universo/RJ)
Andréa Barbosa Gouveia (UFPR)
Antonio Evangelista de Souza Netto (PUC-SP)
Belinda Cunha (UFPB)
Délton Winter de Carvalho (FMP)
Edson da Silva (UFVJM)
Eliete Correia dos Santos (UEPB)
Erineu Foerste (Ufes)
Fabiano Santos (UERJ-IESP)
Francinete Fernandes de Sousa (UEPB)
Francisco Carlos Duarte (PUCPR)
Francisco de Assis (Fiam-Faam-SP-Brasil)
Gláucia Figueiredo (UNIPAMPA/ UDELAR)
Jacques de Lima Ferreira (UNOESC)
Jean Carlos Gonçalves (UFPR)
José Wálter Nunes (UnB)

Junia de Vilhena (PUC-RIO)
Lucas Mesquita (UNILA)
Márcia Gonçalves (Unitau)
Maria Margarida de Andrade (Umack)
Marilda A. Behrens (PUCPR)
Marília Andrade Torales Campos (UFPR)
Marli C. de Andrade
Patrícia L. Torres (PUCPR)
Paula Costa Mosca Macedo (UNIFESP)
Ramon Blanco (UNILA)
Roberta Ecleide Kelly (NEPE)
Roque Ismael da Costa Güllich (UFFS)
Sergio Gomes (UFRJ)
Tiago Gagliano Pinto Alberto (PUCPR)
Toni Reis (UP)
Valdomiro de Oliveira (UFPR)

SUPERVISORA EDITORIAL Renata C. Lopes

PRODUÇÃO EDITORIAL Maria Eduarda Pereira Paiz

REVISÃO Simone Ceré

DIAGRAMAÇÃO Andrezza Libel

CAPA Carlos Pereira

REVISÃO DE PROVA Daniela Nazario

COMITÊ CIENTÍFICO DA COLEÇÃO CIÊNCIAS SOCIAIS

DIREÇÃO CIENTÍFICA Fabiano Santos (UERJ-IESP)

CONSULTORES
Alícia Ferreira Gonçalves (UFPB)
Artur Perrusi (UFPB)
Carlos Xavier de Azevedo Netto (UFPB)
Charles Pessanha (UFRJ)
Flávio Munhoz Sofiati (UFG)
Elisandro Pires Frigo (UFPR-Palotina)
Gabriel Augusto Miranda Setti (UnB)
Helcimara de Souza Telles (UFMG)
Iraneide Soares da Silva (UFC-UFPI)
João Feres Junior (Uerj)

Jordão Horta Nunes (UFG)
José Henrique Artigas de Godoy (UFPB)
Josilene Pinheiro Mariz (UFCG)
Leticia Andrade (UEMS)
Luiz Gonzaga Teixeira (USP)
Marcelo Almeida Peloggio (UFC)
Maurício Novaes Souza (IF Sudeste-MG)
Michelle Sato Frigo (UFPR-Palotina)
Revalino Freitas (UFG)
Simone Wolff (UEL)

A Sebastião Xavier do Nascimento (in memoriam),
meu irmão, pela sua humildade e por seus incentivos aos meus estudos.

Com amor e carinho, aos meus filhos:
Samara Pires do Nascimento e Arthur Pires do Nascimento.

Às gerações futuras

Eu vos contemplo
Da face oculta das coisas
Meus desejos são inconclusos
Minhas noites sem remorsos

Eu vos contemplo
Pelas grades insensíveis
Meu sonho é uma grande rosa
E minha poesia: luta!

Eu vos contemplo
Da virtual extremidade
Minha vida pela vossa
Meu amor vos liberta

Eu vos contemplo
Da própria contingência
Mas minha força é imbatível
Porque estás à espera

Eu vos contemplo
Do fogo da batalha
Meus soldados não se rendem
O grande dia chegará!

Eu vos contemplo,
Gerações futuras,
Herdeiros da paz e do trabalho
As grades esmaecem, ante o meu contemplar.

(Emmanuel Bezerra dos Santos – Dirigente do PCR
Cela da Base Naval de Natal/RN, 1968)

APRESENTAÇÃO

A obra *Ditadura civil-militar: memórias de Emmanuel Bezerra dos Santos no ensino de História* é uma contribuição relevante e necessária para o campo da educação histórica e para a compreensão da memória coletiva sobre a ditadura civil-militar no Brasil. Assim, realizamos uma análise detalhada e sensível da trajetória de vida de Emmanuel Bezerra dos Santos, destacando os aspectos mais importantes relacionados a sua infância, adolescência e vida adulta. Oferecemos uma perspectiva única e valiosa sobre como os relatos da trajetória do jovem comunista potiguar podem ser utilizados no ensino de História para promover uma compreensão mais profunda e crítica do passado recente do país.

Nessa perspectiva, exploramos de maneira abrangente a relação entre memória e história, destacando a importância de integrar as narrativas individuais e coletivas no ensino sobre a ditadura. Desse modo, procuramos utilizar uma abordagem metodológica rigorosa, combinando pesquisa documental, entrevistas e análise crítica para construir um panorama rico e plurifacetado das memórias de Emmanuel Bezerra dos Santos. A obra não só contextualiza historicamente as experiências relatadas por pessoas que viveram com o líder estudantil, mas também reflete sobre o papel do ensino de História na formação de cidadãos conscientes e críticos.

Um dos pontos altos deste trabalho é a capacidade de articulação das questões pedagógicas com a necessidade de preservação da memória histórica. Além disso, discutimos de forma expressiva como as memórias de resistência e repressão, como as ligadas a Emmanuel Bezerra, podem ser incorporadas ao currículo escolar de maneira significativa. Busca-se contribuir para a construção de uma narrativa mais inclusiva e diversi-ficada sobre a ditadura civil-militar no Brasil. As reflexões apresentadas são fundamentadas e oferecem diretrizes práticas para educadores que desejam abordar temas sensíveis e complexos (movimento estudantil, prisões, torturas, mortes, desaparecimentos) em sala de aula.

Diante da qualidade e relevância das questões discutidas nesta obra, por oferecer uma contribuição importante para o debate acadêmico e pedagógico sobre o ensino de História e a preservação da memória histórica, observamos este trabalho como uma importante referência para educadores, historiadores, ativistas dos direitos humanos e todos aqueles interessados na memória e história da ditadura civil-militar no Brasil.

O autor

PREFÁCIO

Este livro trata, em parte, da memória de um jovem destemido e sonhador, Emmanuel Bezerra dos Santos, e do seu encontro com um momento traumático da história do Brasil: a ditadura civil-militar (1964-1985). O encontro desse jovem com o regime opressor ensejou uma situação trágica que retirou uma vida na sua aurora, mas não o sonho de deixar um Brasil mais humano e igualitário às "gerações futuras". Esta obra fala, portanto, de "desejos inconclusos" de um indivíduo que, deixando de existir na sua materialidade, continuou existindo por meio do seu exemplo e dos seus ideais, que passaram a ser partilhados por homens e mulheres que sonhavam e sonham com a utopia de um Brasil livre, democrático e justo.

O professor Antonio Xavier do Nascimento, preocupado com os saberes históricos que circulam no espaço escolar, busca tornar a sala de aula em um espaço rico de abordagens interessantes que possam vir a servir para a formação dos jovens enquanto pessoas e cidadãos. Transforma a sala de aula em um ambiente de preservação da memória de pessoas e eventos que muitas vezes, de forma pensada, são esquecidos, deixando evidente ao leitor que a memória é objeto de disputa dos diferentes segmentos da sociedade. Ao trazer esses aspectos para dialogar com seus alunos, faz com que o ensino da História ganhe sentido.

O seu trabalho é um ato de resistência contra esse tipo de esquecimento. É um escrito de um militante que não pertence a partidos políticos e que não esteve no *front* das lutas nos anos de chumbo da história brasileira. É um docente que usa o conhecimento histórico produzido metodicamente com base em fontes identificáveis como contraponto às atuais narrativas distorcidas e negacionistas que proliferam no nosso meio. Faz da sua profissão uma oportunidade para aproximar seus alunos de questões que são significativas para suas vidas e para a sociedade na qual estão inseridos.

O autor toma como referência as memórias construídas sobre o potiguar Emmanuel Bezerra dos Santos para revelar em sala de aula as entranhas da ditadura civil-militar brasileira (1964-1985). Uma história de luta, de morte e de esperança transformada em conteúdos de ensino nas aulas de História da pequena cidade de Caiçara do Norte, situada no litoral potiguar. É uma história de um indivíduo e de um lugar, mas que poderá servir de referência para muitas histórias de indivíduos e lugares que foram marcados por um regime que tinha em seu horizonte uma sociedade baseada no privilégio, na injustiça e no autoritarismo.

Ditadura civil-militar: memórias de Emmanuel Bezerra dos Santos no ensino de História, na versão de livro que agora assume, nasceu como uma dissertação de mestrado, produzida a partir do núcleo do Profhistória da Universidade Federal do Rio Grande do Norte (UFRN). Neste livro, o leitor encontrará respostas a questões como: qual o termo mais adequado para nomear o regime político que vigeu no Brasil de 1964 a 1985: ditadura militar ou ditadura-civil militar? A ruptura institucional iniciada em 31 de março de 1961 ocorreu por meio de uma revolução ou de um golpe? Os ocupantes da presidência deste período de exceção no Brasil devem ser chamados de presidentes, generais ou ditadores?

Os ditadores e seus apoiadores trataram de construir e preservar as memórias acerca dos seus heróis e algozes. São inúmeros os logradouros públicos e as escolas que trazem os nomes dos presidentes ditadores gravados no seu frontão. O professor Antonio Xavier, ao contrário, está comprometido fundamentalmente com as memórias das vítimas desses opressores: trata em seu texto das memórias coletivas construídas sobre o jovem sonhador Emmanuel Bezerra. Essas memórias estão presentes não apenas nas lembranças das velhas e novas gerações que, ao lutarem por um Brasil mais justo, evocam o seu nome, mas também nas pixações dos muros e viadutos urbanos, bem como em fachadas de prédios e praças públicas, sejam eles da sua cidade natal ou espalhados por diversos lugares do Brasil.

É perceptível a preocupação do autor em responder a demandas originárias dos documentos oficiais que determinam os conteúdos históricos a serem ensinados em sala de aula. Porém, Antonio Xavier não se limita ao que está prescrito neles nem nos manuais didáticos, mas aborda temáticas que dialogam com assuntos que povoam o imaginário dos moradores do município potiguar de Caiçara do Norte, município em que o professor Xavier atua. O ensino da História, conduzido pela mão do professor Antonio Xavier, faz dialogar a historiografia existente acerca da ditadura civil-militar com as memórias construídas localmente sobre esse período histórico.

Finalmente, o autor nos presenteia com uma sequência didática com o propósito de adaptar a abordagem das temáticas desenvolvidas neste livro para alunos do ensino fundamental. É uma tentativa de promover um conhecimento significativo em que estejam presentes questões nacionais, mas também temáticas que são partes constituintes do dia a dia das pessoas que compõem o ambiente escolar no qual atua.

O público ganhará muito ao se aventurar à leitura das páginas desta obra.

Natal, setembro de 2024

José Evangelista Fagundes
Professor associado de História (UFRN)

SUMÁRIO

INTRODUÇÃO..17

1

**DITADURA CIVIL-MILITAR, HISTORIOGRAFIA E ENSINO DE HISTÓRIA:
O QUE DETERMINAM OS DOCUMENTOS OFICIAIS E O QUE DIZEM AS
PROFESSORAS E OS PROFESSORES.**......................................29

1.1 Lei de Segurança Nacional e a ideia do inimigo interno 29

1.2 O debate historiográfico e a definição da estrutura de poder no Brasil do período
de 1964 a 1985..35

1.3 O ensino de História sob influência da ditadura civil-militar 40

1.4 Redemocratização, novo tempo e novas ideias...............................43

1.5 O ensino de História escolar, o exercício da cidadania e os Direitos Humanos .48

1.6 A ditadura civil-militar sob o olhar dos professores(as) do Profhistória 52

2

**O ENSINO DE HISTÓRIA ENTRE MEMÓRIAS: A DITADURA CIVIL-MILITAR
NOS LIVROS DIDÁTICOS DE HISTÓRIA** 57

2.1 As narrativas históricas sobre a ditadura civil-militar em livros didáticos de
História (1967-2005)..58

2.2 As narrativas históricas sobre a ditadura civil-militar em livros didáticos de
História (2019)..61

2.3 Conhecendo o livro didático de História adotado pela Escola Estadual
Godofredo Cacho 63

2.3.1 Análise das narrativas históricas sobre a ditadura civil-militar no livro didático *Vontade de Saber – História* (2018)..66

2.4 Os movimentos sociais e a luta por memória, verdade, justiça e democracia.. 77

2.5 Memória simbólica e reparação histórica na UFRN: caso Emmanuel Bezerra dos
Santos..82

3

**DITADURA CIVIL-MILITAR: O ENSINO DE HISTÓRIA A PARTIR DAS
NARRATIVAS QUE FORAM CONSTRUÍDAS ACERCA DE EMMANUEL
BEZERRA DOS SANTOS**..85

3.1 A trajetória de Emmanuel Bezerra dos Santos: de Caiçara para o Brasil.......86

3.2.1 Memórias institucionalizadas de Emmanuel Bezerra dos Santos......... 103

3.2.2 Projeto Lugar de Memória: Emmanuel Bezerra dos Santos............... 106

3.2.3 Peça teatral: Às gerações futuras 111

4
UMA PROPOSTA DE ENSINO DE HISTÓRIA A PARTIR DA MEMÓRIA.....115

4.1 Sequência didática 119

CONSIDERAÇÕES FINAIS..131

REFERÊNCIAS..133

INTRODUÇÃO

Este trabalho tem como preocupação a abordagem da ditadura civil-militar brasileira (1964-1985) no ensino da História, tomando como referência as memórias construídas sobre o militante político potiguar Emmanuel Bezerra dos Santos. Por ser o regime autoritário um conteúdo obrigatório no ensino de História (Brasil, 2018), esse período está presente nos livros didáticos tanto do ensino fundamental II quanto nos manuais do ensino médio. Por outro lado, na produção historiográfica a temática vem ocupando um espaço cada vez mais significativo. Nossa preocupação foi criar situações de ensino-aprendizagem que permitissem o diálogo entre a produção historiográfica e as memórias construídas no município potiguar de Caiçara do Norte sobre a temática.

Isso inclui refletir sobre os conteúdos históricos prescritos nos documentos oficiais, mas também pensar nas questões da história local que se apresentam como memórias construídas e preservadas por moradores e autoridades do referido município do Rio Grande do Norte.

A pesquisa constitui-se de natureza exploratória e descritiva, baseada em dados bibliográficos (livros e artigos) e em fontes documentais constituídas de leis, documentos legais, documentários audiovisuais que passaram por leituras e análises. O estudo resultou na construção de uma síntese materializada em uma proposta de ensino de História para turmas do 9.º ano do ensino fundamental II e do ensino médio.

Caiçara do Norte está localizada a 154 km de distância de Natal, capital do Rio Grande do Norte. Nessa cidade estão situadas a Escola Estadual Godofredo Cacho e as memórias sobre Emmanuel Bezerra dos Santos. Ela teve sua emancipação política em 16 de julho de 1993. O seu território é resultado do desmembramento do município de São Bento do Norte a partir da Lei Estadual n.º 6.451. A população das duas cidades cresceu ao longo do tempo ocupando o espaço geográfico urbano e causando a conurbação ou junção das cidades, sendo separadas teoricamente por um "pórtico" existente entre ambas. A cidade de Caiçara do Norte, no ano de 2022, teve a população residente estimada pelo Instituto Brasileiro de Geografia e Estatística (IBGE) em 6.293 habitantes[1]. Ela está localizada na Mesorregião Central Potiguar e na Microrregião de Macau, faz parte do Litoral Norte do Rio Grande do Norte, segundo o IBGE.

---

[1] Disponível em: https://www.ibge.gov.br/cidades-e-estados/rn/caicara-do-norte.html. Acesso em: 9 fev. 2024.

A construção da escola foi iniciada no governo de Aluízio Alves (1961-1966) e concluída no governo de Walfredo Dantas Gurgel (1965-1971). A instituição de ensino foi fundada oficialmente no dia 6 de novembro de 1967, sendo nomeada, a princípio, de Grupo Escolar Godofredo Cacho. O estabelecimento escolar iniciou seu funcionamento em 12 de fevereiro de 1968. O governador na época, Aluízio Alves[2] (1921-2006), decidiu homenagear em memória o comerciante e político Godofredo Alípio Cacho (1904-1961)[3].

O Grupo Escolar Godofredo Cacho fez parte das últimas gerações de instituições escolares que receberam a denominação de "Grupo Escolar"[4]. A unidade escolar, apesar de ter recebido o nome de Grupo Escolar, não teve as mesmas características arquitetônicas dos antigos prédios que foram construídos em diversas cidades do Estado do Rio Grande do Norte nas décadas de 1910 e 1920. A necessidade de atender as demandas educacionais de diferentes períodos impulsionou várias reformas ao longo das décadas do século XX. Foi nesse contexto de reestruturação do campo educacional que o governo do presidente Emílio Garrastazu Médici (1905-1985) extinguiu os projetos dos Grupos Escolares por meio da reforma educacional promovida pela Lei n.º 5.692, de 11 de agosto de 1971, na ditadura civil-militar.

A criação do Grupo Escolar Godofredo Cacho teve como objetivo ofertar a educação básica aos estudantes do então distrito de Caiçara, pertencente ao município de São Bento do Norte.

Como profissional, começamos a lecionar na Escola Estadual Godofredo Cacho em março de 2020, coincidindo com o início da pandemia da Covid-19, causada pelo novo coronavírus, SARS-CoV-2. Nos anos de 2020 e 2021, milhões de pessoas foram infectadas em todos os continentes e

---

[2] Aluízio Alves nasceu em Angicos/RN, em 11 de agosto de 1921. Faleceu em Natal/RN em 6 de maio de 2006. Foi jornalista, advogado e político brasileiro, sendo governador do estado do Rio Grande do Norte entre os anos de 1961 e 1966. Ele teve o mandato de deputado federal cassado pelo Ato Institucional 5 (AI-5) da ditadura civil-militar, em 1969.

[3] Nasceu na cidade de Macau/RN, exercia atividades comerciais na microrregião de Macau (Guamaré, Galinhos, Caiçara do Norte, São Bento do Norte e Macau), o que lhe concedia um posicionamento influente na região. Foi homenageado pelo governador Aluízio Alves (União Democrática Nacional – UDN).

[4] Surgidos no corpo das Leis de 1893, em São Paulo e no Rio de Janeiro, regulamentados e instalados a partir de 1894 no estado de São Paulo, os Grupos Escolares emergiram ao longo das duas primeiras décadas republicanas. No Rio Grande do Norte a criação dos Grupos Escolares ocorreu no âmbito da Reforma do Ensino Primário. Pelo Decreto n. 178, de 29 de abril de 1908, foi instalada a Escola Normal de Natal para o preparo de professores de ambos os sexos e criada uma rede de Grupos Escolares. As reformas educacionais ocorridas na ditadura civil-militar realizaram a extinção dos Grupos Escolares por meio da Lei n.º 5.692, 11 de agosto de 1971, que ampliou a escolarização obrigatória para 8 (oito) anos. Disponível em: http://www.snh2017. anpuh.org/resources/anais/54/1489617184_ARQUIVO_Artigocompleto-Salvo.pdf. Acesso em: 20 set. 2023.

parte considerável delas veio a óbito em decorrência de complicações ocasionadas pela doença. No município de Caiçara do Norte foram confirmados 670 casos de pessoas infectadas pela Covid-19, sendo que 12 vítimas foram a óbito[5]. No estado do Rio Grande do Norte foram confirmados 739.024 casos, desse total houve 8.706 óbitos[6]. No Brasil, foram confirmados 38.757.972 casos de pessoas infectadas pela doença. Desse total, 711.502 vítimas foram a óbito, segundo o Ministério da Saúde[7]. Portanto, tive pouco contato presencial com os estudantes durante os anos letivos de 2020 e 2021, pois as atividades docentes foram realizadas por meio de aulas remotas emergenciais[8].

Nos diálogos cotidianos com os discentes, professores e professoras integrantes da comunidade escolar, fui percebendo que alguns assuntos relacionados com as memórias e com o ensino de História do município de Caiçara do Norte estavam presentes no espaço escolar. Entre os temas abordados destacam-se as memórias que foram construídas acerca de Emmanuel Bezerra dos Santos. Foi a partir dessa convivência e desses diálogos que surgiu em mim a curiosidade sobre a história de vida do cidadão Emmanuel Bezerra dos Santos. Assim, passei a pesquisar sobre a trajetória de vida dele para buscar entender quando e como essa memória foi construída coletivamente.

Emmanuel Bezerra dos Santos nasceu em 17 de julho de 1947 em uma pequena comunidade de pescadores conhecida por Caiçara, distrito da cidade de São Bento do Norte/RN. O pai, Luiz Elias dos Santos, e a mãe, Joana Elias Bezerra, eram pescadores. Logo, tiravam dessa atividade o sustento da família. Quando criança, Emmanuel Bezerra dos Santos realizou seus estudos primários (ensino fundamental) em São Bento do Norte/RN. Em 1961, já adolescente, migrou de São Bento do Norte/RN para Natal/RN, concluindo seus estudos secundários (ensino médio) no Colégio Estadual do Atheneu Norte-Riograndense em 1965. Em Natal/RN, o jovem Emmanuel Bezerra dos Santos morou na Casa do Estudante,

---

[5] Secretaria Estadual de Saúde do Rio Grande do Norte / Dados atualizados em 14/3/2022. Coleta e análise: Brasil. Disponível em: https://brasil.io/covid19/RN/. Acesso em: 11 mar. 2024.

[6] Coronavírus. Disponível em: https://covid.lais.ufrn.br/. Acesso em: 11 mar. 2024.

[7] Coronavírus/Brasil - atualizado em 11 de março de 2024. Disponível em: https://covid.saude.gov.br/. Acesso em: 11 mar. 2024.

[8] Segundo Nascimento (2021), as aulas remotas emergenciais se constituem como atividades de ensino mediadas pela Tecnologia Digital de Informação e Comunicação, mas que se orientam pelos princípios da educação presencial. De acordo com o autor, por atividades não presenciais entende-se aquelas a serem realizadas pela instituição de ensino com os estudantes quando não for possível a presença física destes no ambiente escolar.

militou no movimento estudantil e ingressou em partidos políticos clandestinos durante a ditadura civil-militar. A luta pela democracia causou ao militante comunista Emmanuel Bezerra dos Santos muitos problemas, como perseguições, prisões, torturas, morte e desaparecimento.

Na escola em que trabalhamos, como professor da disciplina de História, são desenvolvidas atividades pedagógicas acerca do tema ditadura civil-militar por meio de várias estratégias de ensino de História, como aulas expositivas, seminários, palestras e peças teatrais. Desse modo, circulam na comunidade escolar cartazes, fotografias, vídeos, textos e livros sobre memórias que relatam fatos ocorridos durante esse período. As memórias do tema em questão também estão presentes em algumas instituições públicas (espaços de memórias) do município que homenageiam *in memoriam* vítimas da ditadura civil-militar, como é o caso do ex-integrante da União Nacional dos Estudantes (UNE) e posterior militante político do Partido Comunista Revolucionário (PCR)[9], o caiçarense-do-norte Emmanuel Bezerra dos Santos.

O tema ditadura civil-militar sempre chamou minha atenção, como aluno do ensino básico e na graduação em História. Contudo, o interesse em pesquisar e conhecer melhor o assunto ocorreu a partir de 2020, quando passei a trabalhar como professor da disciplina de História na Escola Estadual Godofredo Cacho, pois nesse espaço escolar existe a presença marcante das memórias de Emmanuel Bezerra dos Santos, que foi vítima da ditadura civil-militar e teve seu nome institucionalizado no município.

Ao iniciar o Mestrado Profissional em Ensino de História (Profhistória), em 31 de março de 2022, pela Universidade Federal do Rio Grande do Norte (UFRN), realizamos as leituras dos textos indicados nas diversas disciplinas, interagimos com os colegas de turma e fomos orientados por professores e professoras. Essas situações de ensino, pesquisas e aprendizagens nos motivaram a pesquisar sobre os temas Memória e Ensino de História. Tomamos como referência para essa discussão as memórias coletivas que se constituíram na cidade de Caiçara do Norte/RN acerca da ditadura civil-militar no Brasil e as memórias construídas do militante político norte-rio-grandense Emmanuel Bezerra dos Santos.

---

[9] O Partido Comunista Revolucionário (PCR) foi fundado em maio de 1966 em Recife/PE. Foi organizado por um grupo de militantes egressos do PC do B que estavam descontentes com os rumos que este tomava. O PCR defendia a luta armada contra a ditadura civil-militar e teve atuação nos estados de Alagoas, Pernambuco, Paraíba e Rio Grande do Norte. Disponível em: https://pcrbrasil.org/pcr/historia/. Acesso em: 24 jun. 2023.

Quando se trata de História do Tempo Presente, é fundamental que seja observado pelo historiador/historiadora de que forma são percebidos determinados períodos históricos, já que a memória é sempre construída a partir do presente, de suas demandas e experiências.

A memória tem sido objeto de estudo por parte de muitos autores de diversas áreas do conhecimento, permitindo o surgimento de diferentes perspectivas teóricas. Para os historiadores franceses Pierre Nora e Aun Khoury (2012), a memória é sempre carregada por grupos vivos e, nesse sentido, ela está em permanente evolução, aberta à dialética da lembrança e do esquecimento, vulnerável a todos os usos e manipulações, susceptível a revitalizações. Os autores entendem que a memória não se acomoda com detalhes que a confortam, ela se alimenta das lembranças vagas, telescópicas, globais ou flutuantes, particulares ou simbólicas, sensível a todas as transferências, cenas, censuras ou projeções. Para eles, a memória se enraíza no concreto, no espaço, no gesto, na imagem, no objeto.

De acordo com Barros (2009), a memória é um campo de estudo disciplinarmente aceito intitulado de "memória social", que teve suas reflexões pioneiras no ensaio *Memórias Coletivas*, publicado por Maurice Halbwachs em 1950, tendo se desenvolvido nas últimas décadas. Entre os conceitos desenvolvidos pelo sociólogo Halbwachs destacam-se as relações entre memória individual e memória coletiva.

O autor agrupa as lembranças em duas espécies de memórias, das quais o sujeito participa. A primeira está ligada às lembranças da vida pessoal do indivíduo. A segunda diz respeito às lembranças ou memórias interpessoais do sujeito como membro de um grupo. De acordo com Halbwachs (1990 *apud* Alencar, 2002, p. 2), as memórias, apesar de distintas, podem se intersectar em algumas situações, mas seguem seus próprios caminhos. A memória individual às vezes confunde-se com a coletiva, pois pode apoiar-se sobre ela em situações que precise confirmar algumas de suas lembranças ou dar-lhes precisão, e mesmo para preencher algumas de suas lacunas. A memória coletiva envolve as memórias individuais, mas não se confunde com elas.

Nora e Aun Khoury (2012) entendem que a história, diferentemente da memória, é a reconstrução sempre problemática e incompleta do que não existe mais. Ela está ligada às continuidades temporais, às evoluções e às relações das coisas. Portanto, ela é uma construção narrativa problematizadora realizada por profissionais (historiadores/historiadoras).

Como podemos perceber, não é tarefa fácil definir o conceito de história. Há outros pesquisadores que entendem que a palavra "história" é um termo polissêmico, como Fagundes e Andrade (2017, p. 24), que afirmam:

> [...] quando nos referirmos ao termo "história", podemos estar nos referindo à história acontecimento, ou seja, ao que foi vivido, ao passado. Por outro lado, podemos também estar nos referindo ao resultado do trabalho do historiador, ou seja, à História escrita, à História conhecimento.

Acerca dessa discussão, o pesquisador Torres (1996) entende que a História enquanto conhecimento científico é uma produção intelectual mediada por instrumentos teórico-metodológicos de análise de materiais históricos (fontes) que formula verdades relativas dinamizadas no espaço-tempo, buscando a compreensão dos fatos e dos seres humanos. O autor mostra que a história é uma ciência, que possui objetos/fontes de estudos, usa metodologias para análises, possui campos ou áreas de estudos definidos, enfim, possui uma grande estrutura de produção de conhecimento historiográfico.

Como professor, historiador e pesquisador entendo que é fundamental considerar a relação entre Memória e História para pensar o lugar e o sentido do ensino de História enquanto conhecimento escolar. Dessa forma, corroborando Monteiro (2007), a qual entende que o ensino de História é, potencialmente, um lugar onde memórias se intercruzam, dialogam e entram em conflito. Por isso, consideramos que é no ensino de História que determinadas versões e explicações sobre fatos/acontecimentos ocorridos nas sociedades e no mundo são ensinados/aprendidos por professores(as) e alunos(as). Para Monteiro (2007), o ensino de História é um "lugar de fronteira", que possibilita o diálogo entre memórias e "história conhecimento escolar", com o aprofundamento, ampliação, crítica e reelaboração para uso no cotidiano.

Diante disso, procuramos nessa breve explicação mostrar algumas diferenças, postuladas por teóricos, entre Memória e História e a importância da relação entre Memória e Ensino de História. Dito isso, devemos ressaltar o papel do historiador, como professor, que se constitui como agente fundamental no processo de ensino-aprendizagem da Memória e da História, portanto responsável, na construção da memória por parte dos discentes, por proporcionar a eles a consciência de que a Memória e a História são conhecimentos construídos. Logo, a memória é alvo de disputas de vários setores da sociedade por diferentes interesses, como aponta

Michael Pollak (1992, p. 205), ao afirmar que a memória e identidade são valores disputados em conflitos sociais e intergrupais, principalmente em conflitos que opõem grupos diversos.

Compreendendo a diferença entre memória e história, e relacionando esses pressupostos com a realidade do ensino de História da escola em que atuamos profissionalmente, identificamos a existência de vestígios de memórias acerca da ditadura civil-militar no espaço escolar e na cidade de Caiçara do Norte. Essa realidade leva-nos a refletir sobre os conteúdos/memórias existentes na escola de diversas formas e que não estão presentes no livro didático de História que é utilizado em sala de aula. Este trabalho teve a preocupação de incluir as memórias de Emmanuel Bezerra dos Santos no ensino de História como objeto de conhecimento histórico e dialogar com a discussão historiográfica que discute a temática da ditadura civil-militar. O regime de opressão marcou de forma memorável todos os lugares do Brasil no período entre 1964-1985, embora, provavelmente, os inúmeros lugares que formam este país tenham sido afetados de diferentes maneiras.

Como professores de História, temos o desafio de ensinar aos alunos conteúdos de História que sejam significativos. Diante disso, o lugar em que trabalhamos oferece a oportunidade de discutir a ditadura civil-militar a partir de elementos da memória que estão presentes no espaço local, sempre em diálogo com os conteúdos escolares prescritos nos documentos oficiais (Brasil, 2018) e a produção historiográfica sobre o assunto.

Ao discutirmos a ditadura civil-militar, estamos fazendo uso de um passado recente, entendido como um período histórico que deixou resquícios de memórias traumáticas na sociedade contemporânea. Ao refletir sobre essa conjuntura importante, o historiador Carlos Fico (2012) situa esse tema no contexto dos debates teóricos sobre a História do Tempo Presente. A História do Tempo Presente passou a se consolidar na historiografia a partir da década de 1970 com a criação do Instituto de História do Tempo Presente (IHTP), na França. Isso posto, o autor considera como marco inicial da História do Tempo Presente a Segunda Guerra Mundial (1939-1945), pelo fato de o evento histórico ter atingido uma grande quantidade de países.

Carlos Fico (2012) observa que o pesquisador de temas de História do Tempo Presente, ao discorrer acerca de questões recentes, pode sofrer pressão dos contemporâneos ou coação pela verdade do que seja discutido. Como também pode ocorrer a possibilidade de esse conhecimento histórico ser confrontado pelos testemunhos dos que viveram o fenômeno autoritário e que procuram narrar ou explicar os fatos por meio de suas lembranças e pontos de vista. Desse modo, entende que o espaço temporal é uma das preocupações da História do Tempo Presente,

> [...] decorre da circunstância de estarmos, sujeito (historiador) e objeto, mergulhados em uma mesma temporalidade 'que não terminou'. Isso traz importantes consequências epistemológicas para o conhecimento que se deseja construir (Fico, 2012, p. 45).

Dessa forma, corroboramos a demarcação apresentada por Carlos Fico (2012) por considerar os testemunhos dos sobreviventes de eventos traumáticos (Holocausto, Segunda Guerra Mundial, Apartheid, ditaduras militares) como acontecimentos mais tratados pela História do Tempo Presente. Desse modo, nos filiamos ao campo de estudo da História do Tempo Presente por entender que este trabalho de pesquisa discute o ensino de História a partir de narrativas de histórias traumáticas que estão ainda em disputas na contemporaneidade. Logo, consideramos como marco inicial da História do Tempo Presente no Brasil a ditadura civil-militar (1964-1985), por se constituir como um regime de governo histórico e traumático para a sociedade brasileira. As consequências deixadas pela ditadura civil-militar incluem os contextos social, político, econômico e cultural.

Essa experiência histórica deixada pela ditadura civil-militar nos sensibiliza e motiva-nos a pesquisar, discutir e ensinar o tema ditadura civil-militar no Brasil nas aulas de História do ensino fundamental e ensino médio da educação básica, a partir dos conhecimentos que temos no presente acerca do passado. Dessa forma, possuímos como aporte teórico recursos materiais como o livro didático de História e fontes documentais constituídos por textos, fotografias, vídeos e monumentos que estão próximos à realidade dos alunos(as) e a nossa enquanto professor.

Todavia, observamos que, apesar de as pessoas terem acesso à grande quantidade de informações do passado que circulam em livros, jornais, revistas, rádio, TV e internet que abordam diferentes notícias (política, economia, cultura, direito humanos, memória) que se remetem ao regime de Estado autoritário (1964-1985) para nossos alunos(as) e a maioria dos pais, mães e responsáveis, a ditadura civil-militar é um passado distante não vivenciado. Logo, a ditadura civil-militar no Brasil estudada como História do Tempo Presente se constituiu para esse público como uma experiência conhecida pelo que leu ou ouviu dizer. Assim, ensinar a História de um período político do Brasil para filhos de pescadores a partir da trajetória de vida de Emmanuel Bezerra dos Santos, que também possui a mesma origem (filho de pescadores), o professor/historiador e a escola, nessa relação, contribuirão com a aprendizagem histórica e para a formação de identidades.

Posto isso, nosso desafio como professor foi enxergar como o tema da ditadura civil-militar aparece nos materiais didáticos com os quais trabalhamos, inclusive no livro didático de História adotado pela escola. Em contrapartida, inserir a história de vida de Emmanuel Bezerra dos Santos como fonte de conhecimento histórico da ditadura civil-militar.

Segundo René Armand Dreifuss (1981), o golpe de Estado que depôs o presidente João Goulart (1919-1976) em 1964 foi resultado da articulação entre diversos atores civis e militares. Para o autor, grupos empresariais e as classes médias conservadoras apoiaram o golpe e a ditadura, por meio de ações políticas, ideológicas e financeiras. Ou seja, o regime que se instalou naquele período pode ser definido como uma ditadura civil-militar. Por sua vez, Motta (2011 *apud* Campos; Falcão; Lindolfo, 2011) entende que houve uma cultura política favorável à implantação do regime. Para o autor, a presença de civis foi muito importante em todas as esferas, mas foi uma ditadura com hegemonia militar, porque quem comandava e quem tomava as decisões eram os militares, embora em associação com os civis. A exemplo de seus colegas historiadores, Carlos Fico (2012) estuda as diversas interpretações e controvérsias sobre a ditadura. Além disso, entende que os civis tiveram participação direta no golpe de Estado e na ditadura. Desse modo, Fico (2012) considera o regime de opressão como uma ditadura civil-militar.

Nos capítulos consecutivos deste livro trataremos de questões que se inserem dentro desse contexto da vida política brasileira, e usaremos a expressão "ditadura civil-militar" para nos referir ao regime político que vigorou no Brasil de 1964 a 1985.

Não obstante os esforços que fizemos, não tivemos acesso a fontes primárias como jornais produzidos pelo movimento estudantil entre os anos de 1966/1967 em Natal/RN, nem documentos ou textos com informações da atuação do militante político Emmanuel Bezerra dos Santos no PCB do RN. Até mesmo leis municipais de Caiçara do Norte/RN da década de 1990 que nomeiam instituições locais com o nome de Emmanuel Bezerra dos Santos não conseguimos encontrar. Provavelmente deve ter ocorrido o extravio desses documentos. Todavia, as fontes em vídeos contendo depoimentos de pessoas que vivenciaram o momento histórico pesquisado foram de grande valor para este estudo. Assim, entendemos que as lembranças individuais ajudam a compreender aspectos do contexto histórico estudado. Logo, dividimos a redação do livro em quatro capítulos.

No primeiro capítulo, refletimos sobre a produção historiográfica acerca da ditadura civil-militar e procuramos mostrar como tal conteúdo está presente no ensino de História. Assim, dialogamos acerca do ensino de História sob influência dos governos militares (1964-1985). Do mesmo modo, discutimos acerca da redemocratização do país, que proporcionou novas concepções para o ensino de História com a finalidade de educar os discentes para exercerem a cidadania e valorizar os Direitos Humanos. Além disso, por meio da análise de um conjunto de dissertações pesquisadas do Profhistória, mostramos como pensam os professores(as) acerca do tema ditadura civil-militar no ensino de História.

No segundo capítulo, apresentaremos dois estudos acerca de manuais didáticos que abordam em seus capítulos o tema ditadura civil-militar. O primeiro foi realizado por Aristeu Castilhos da Rocha (2008) e o segundo desenvolvido por Osvaldo Rodrigues Junior e Letícia Seba (2019). Por sua vez, apresentaremos o livro didático de história da coleção *Vontade de Saber-História* (2018) adotado pela Escola Estadual Godofredo Cacho. Na sequência realizaremos uma análise do Capítulo 11 do referido manual, o qual trata da temática "ditadura civil-militar no Brasil". Assim, para essa reflexão usaremos as orientações propostas por Jörn Rüsen, que estão presentes no capítulo de livro intitulado "O livro didático ideal", organizado e traduzido por Schmidt, Martins e Barca (2010) na obra *Jörn Rüsen e o ensino de História*.

Entre os critérios de avaliação propostos por Rüsen (2010) para que seja feito o reconhecimento de um bom livro didático, optamos por identificar a existência de textos historiográficos; observar a pluriperspectividade aos níveis dos afetados e dos observadores; reconhecer se os textos estão de acordo com as normas científicas buscando perceber a existência da sincronia e diacronia temporal nas narrativas históricas; e observar a pluralidade da experiência histórica no conteúdo dos capítulos pesquisados.

Na sequência, abordamos a luta dos movimentos sociais após a ditadura civil-militar no Brasil na persecução por memória, verdade e justiça.

No terceiro capítulo apresentaremos as memórias que foram construídas acerca de Emmanuel Bezerra dos Santos. Assim, mostraremos a trajetória de vida dele com ênfase na participação do jovem comunista no movimento estudantil no Rio Grande do Norte na década de 1960 e ingresso no Partido Comunista Revolucionário (PCR). As lutas de Emmanuel Bezerra dos Santos por democracia durante a ditadura civil-militar resultaram em consequências para sua vida, tais como: perseguição, prisões, torturas, assassinato e desaparecimento.

Além disso, analisaremos as memórias que se constituíram a partir da década de 1990 com a descoberta dos restos mortais de Emmanuel Bezerra dos Santos em uma vala clandestina em São Paulo. O contexto do translado de São Paulo/SP para Natal/RN. Depois para Caiçara do Norte/RN e São Bento do Norte/RN. Assim, a memória social favoreceu a institucionalização do nome de Emmanuel Bezerra dos Santos nos órgãos públicos e nos movimentos sociais no Rio Grande do Norte. Refletiremos ainda acerca de diversos eventos realizados no RN, por ocasião da data de rememoração dos 50 anos do assassinato de Emmanuel Bezerra dos Santos, ocorrido na ditadura civil-militar.

No quarto capítulo desenvolvemos uma sequência didática. A produção consiste em uma proposta de ensino de História para alunos de turmas do 9.º ano do ensino fundamental II e ensino médio, cuja temática é a ditadura civil-militar. A perspectiva é abordar a ditadura civil-militar não apenas conceitualmente e por meio dos conteúdos distantes da realidade do público escolar, mas incluindo na proposta as perspectivas locais acerca do assunto.

A concepção de ensino-aprendizagem planejada tem a finalidade de discutir as memórias historiográficas sobre a ditadura civil-militar presentes no livro didático, assim como as memórias que, não estando presentes nos manuais escolares, encontram-se de diversas formas (textos, fotografias, vídeos, apresentações artísticas, lugares de memórias, na escola) no município onde atuamos como professor e em outros lugares do Rio Grande do Norte.

1

DITADURA CIVIL-MILITAR, HISTORIOGRAFIA E ENSINO DE HISTÓRIA: O QUE DETERMINAM OS DOCUMENTOS OFICIAIS E O QUE DIZEM AS PROFESSORAS E OS PROFESSORES

1.1 Lei de Segurança Nacional e a ideia do inimigo interno

Após a II Guerra Mundial, criou-se um conflito político-ideológico que foi travado entre Estados Unidos da América (EUA) e União das Repúblicas Socialistas Soviéticas (URSS), entre 1947 e 1991. Esse conflito foi responsável por polarizar o mundo em dois grandes blocos, um alinhado ao capitalismo e o outro comprometido com o comunismo. Esse contexto de conflito colocava os Estados Unidos em uma posição de defesa dos seus interesses capitalistas na América Latina, passando a evitar a qualquer custo que países no continente americano adotassem o sistema político, econômico e ideológico comunista[10].

Essa preocupação dos norte-americanos estendia-se à Revolução Cubana, ocorrida em 1959, quando o país se declarou socialista. Como afirma Veiga (2021), a vitória da Revolução Cubana representou um ponto de inflexão importante, uma vez que permitiu o surgimento de novas frentes de esquerdas e organizações políticas de maior ou menor radi-

---

[10] Pode ser entendido como um conjunto articulado de princípios teóricos que fundamentam um tipo de sociedade e ações políticas. Como ação política revolucionária que buscava superar a sociedade capitalista, ele é um fenômeno datado. Originário do século XIX, desdobrou-se nas ondas revolucionárias do século XX e entrou em decadência nas últimas décadas desse mesmo século, simbolizado pela queda do Muro de Berlim e pelo fim do bloco de países socialistas após 1989. O filósofo Karl Marx (1818-1883) é considerado o pensador que melhor investigou o capitalismo em sua origem e em seus mecanismos. Para Marx, o próprio avanço do modo de produção capitalista entraria em choque com as relações produtivas, gerando uma nova forma de sociedade, a comunista. O avanço do capitalismo poria em conflito a classe burguesa e o proletariado, transformando as relações produtivas e criando uma sociedade igualitária com a vitória do proletariado. Essa sociedade comunista teria como características fundamentais a abolição da propriedade privada, da alienação humana, da divisão do trabalho e das classes sociais, e o restabelecimento do controle sobre as forças materiais, deixando a produção dos bens a cargo de uma sociedade de produtores associados. Marx defendia que o comunismo seria implantado primeiro naquelas sociedades em que o capitalismo teria chegado ao máximo desenvolvimento de suas forças produtivas. E o comunismo só apareceria quando fossem criadas as condições materiais na ordem capitalista (Silva; Silva, 2009).

calidade, indo de uma via pacífica ao socialismo até táticas de guerrilha. De acordo com Veiga (2021), os Estados Unidos, preocupados com essas situações, usavam sua influência política, econômica, militar e ideológica para evitar a revolução socialista nos países da América Latina.

As Forças Armadas do Brasil possuíam um diálogo estreito e permanente com as Forças Armadas norte-americanas, chegando inclusive a participar de treinamentos/cursos de formação nos Estados Unidos. Como resultado dessa interação, o Brasil criou a Escola Superior de Guerra (ESG), inspirada na doutrina militar norte-americana. Logo, foi dentro da ESG que se formularam os princípios da Doutrina de Segurança Nacional (DSN), que procurava reconhecer a existência de um inimigo interno.

A doutrina transformou-se em lei no ano de 1968, com a publicação do Decreto-Lei n.º 314/68. Para Veiga (2021), a Doutrina de Segurança Nacional foi o corpo teórico que embasou as táticas da reação com vistas a aniquilar toda e qualquer forma de ação políticas contrária ao regime estabelecido e os interesses do imperialismo norte-americano. Desse modo, o inimigo interno, assim que fosse identificado, deveria ser combatido.

De acordo com Veiga (2021), foi a partir da Doutrina de Segurança Nacional que o Estado desenvolveu uma postura repressiva e criou a noção de inimigo interno. O autor classifica esse conceito como amplo e impessoal, entendido não somente como um inimigo nacional, mas, sim, um inimigo dos valores e da sociedade ocidental, o que exigia das Forças Armadas brasileiras uma nova conduta social, ou seja, a participação em outros níveis da vida nacional que diziam respeito à política, economia, cultura e a ideologia. Somente as Forças Armadas ampliando sua capacidade de reflexão e atuação para esses outros planos da vida social, não exclusivamente bélicos, militares, teriam condições de fazer face a esse inimigo interno.

De acordo com Priori *et al.* (2012), essa nova estrutura de poder e de controle social se materializou com a publicação do Ato Institucional n.º 1, que subverteu a ordem jurídica até então estabelecida. O Ato Institucional n.º 1 foi instituído em 9 de abril de 1964.

> Foi institucionalizado o sistema de eleição indireta para presidente da República, bem como foi dado poderes ao presidente para ditar nova constituição, fechar o con-

gresso, decretar estado de sítio, impor investigação sumária aos funcionários públicos contratados e efetivos, abrir inquéritos e processos para apurar responsabilidades pela prática de crime contra o Estado ou contra a ordem política e social, suspender direitos políticos de cidadãos pelo prazo de dez anos e cassar mandatos legislativos de deputados federais, estaduais ou vereadores" (Priori *et al.*, 2012, p. 201).

Dessa maneira, a repressão aos opositores (vistos aqui como inimigos internos ou comunistas) da ditadura civil-militar foi se moldando e tornando-se uma política de Estado. Nesse sentido, vale destacar que durante a ditadura foram editados 17 atos institucionais. Mas, entre eles, o mais polêmico e violento foi o de número 5 (cinco). Segundo Priori *et al.* (2012), o AI-5, editado em 13 de dezembro de 1968, reeditou os princípios do AI-1, suspendeu o princípio do *habeas corpus* e instituiu, de forma clara e objetiva, a tortura e a violência física contra os opositores do regime. Conforme Priori *et al.* (2012, p. 202),

> [...] foram criados vários órgãos de repressão, como o Serviço Nacional de Informações (SNI), os Destacamentos de Operações e de Informações (DOI) e os Centros de Operações de Defesa Interna (CODI), o Centro de Informações do Exterior (CIEX), o Centro de Informações da Marinha (CENIMAR), o Centro de Informações da Aeronáutica (CISA). Além do fortalecimento dos Departamentos de Ordem Política e Social (DOPS) em todos os estados. Foram criados ainda os Inquéritos Policiais Militares (IPM), cujos objetivos eram processar e criminalizar militantes e políticos que lutavam contra o regime militar (Priori *et al.*, 2012, p. 202).

Durante a vigência do regime constituído, houve perseguições aos movimentos sociais, movimentos estudantis, ao movimento operário e aos integrantes das organizações clandestinas que defendiam a luta armada como solução para a realização de uma revolução socialista ou comunista e o fim da ditadura no Brasil. As organizações sociais que se insurgiram na luta contra a ditadura civil-militar eram consideradas "grupos de resistência à ditadura", eram vistas pelos militares como terroristas. Entender o funcionamento dos órgãos de repressão possibilita a compreensão das dificuldades enfrentadas por pessoas consideradas subversivas, ou seja, pessoas que ousavam desafiar a ditadura civil-militar.

Assim foi o caso do líder estudantil, ex-militante político do Partido Comunista Brasileiro (PCB)[11], posteriormente líder do Partido Comunista Revolucionário (PCR), Emmanuel Bezerra dos Santos. Nessa época muitos jovens participaram dos movimentos estudantis, greves trabalhistas, partidos políticos e organizações clandestinas contra os princípios da ditadura civil-militar. Esses jovens (homens e mulheres) desafiavam o sistema político instituído no país buscando disseminar ideais que eram considerados revolucionários e subversivos pelo governo militar.

De acordo com Priori *et al.* (2012), no Brasil, o fim das liberdades democráticas, a repressão e o terror como política de Estado foram formulados por meio de uma bem arquitetada estrutura legislativa, que dava sustentação ao regime de opressão. Entendemos que, no início da década de 1960, houve uma ampliação da participação política popular, que exigia mudanças nas estruturas econômicas e sociais, e, ao mesmo tempo, o Estado foi criando mecanismos de coibir, impedir e reprimir por meio de leis os manifestantes.

As perseguições foram intensificadas com a criação dos atos institucionais ao longo da ditadura civil-militar. De acordo com Priori *et al.* (2012), os atos institucionais e a autoridade absoluta dos militares serviram como proteção e salvaguarda do trabalho das forças repressivas, fossem quais fossem seus métodos de ação. Portanto, a repressão foi institucionalizada por meio dos decretos-leis. Já a luta armada contra a ditadura ocorreu no campo e nas cidades, como podemos perceber nesta citação:

> Nas cidades, muitas organizações de esquerda atuaram e lutaram de armas na mão. Entre as que mais se destacaram, estão a Ação Libertadora Nacional (ALN), liderada por Carlos Marighela; o Partido Comunista Brasileiro Revo-

---

[11] Foi criado em 25 de março de 1922 no Rio de Janeiro/RJ e obteve o reconhecimento da Internacional Comunista de Moscou/Rússia em 1924. O PCB obteve o reconhecimento e a legalidade para funcionamento no ano de 1927, no mesmo ano, foi posto na ilegalidade. Em 1931, Luíz Carlos Prestes (1898-1990) filia-se ao PCB, nesse período o partido passou a fazer parte da Aliança Nacional Libertadora (ANL). A partir de 1937, com o início do Estado Novo (1937-1945), o partido foi praticamente desarticulado com muitos membros presos e exilados. Em 1945, com o fim do governo do presidente Getúlio Vargas (1882-1954) e com a redemocratização do Brasil, o PCB torna-se um partido nacional de massas, chegando a possuir no ano de 1947 aproximadamente 200 mil filiados. Conquistando plena legalidade, elege como senador e Secretário-Geral do Partido, Luiz Carlos Prestes. Com o início da Guerra Fria entre 1947 e 1948, o partido é posto na ilegalidade e perseguido pelo governo do presidente Eurico Gaspar Dutra (1883-1974). A partir das decisões do V Congresso do PCB realizado em setembro de 1960 e buscando se adequar à legislação brasileira, bem como a volta à legalidade, o partido realizou a mudança no nome de Partido Comunista do Brasil para Partido Comunista Brasileiro. A partir de 1962, outros partidos foram criados por dissidentes comunistas, como: PCdoB, Liga Comunista Internacionalista (LCI), Partido Operário Leninista (POL), Partido Socialista Revolucionário (PSRO, Movimento Revolucionário 8 de outubro (MR8) e o Partido Comunista Revolucionário (PCR). Breve Histórico do PCB. Disponível em: https://pcb.org.br/portal2/29871. Acesso em: 28 set. 2023.

lucionário (PCBR)[12]; O Movimento Revolucionário 08 de outubro (MR-8); a Política Operária (Polop); e, depois, a Vanguarda Popular Revolucionária (VPR), comandada por Carlos Lamarca, entre várias outras organizações menores como PCR, Molipo, MRT, PRT, Colina etc. (Gorender, 1987; Reis Filho, 1990 *apud* Priori *et al*., 2012, p. 206).

Como podemos observar, foram muitos grupos que defendiam a "revolução" pela luta armada. Essas facções foram reprimidas violentamente com a justificativa, segundo Priori *et al*. (2012), de que os guerrilheiros eram "terroristas" e queriam implantar um regime comunista no país, que eram contra a liberdade, as leis, a família, a propriedade etc.

Entre os partidos que foram citados está o Partido Comunista Revolucionário (PCR). O militante político norte-rio-grandense Emmanuel Bezerra dos Santos era integrante desse partido que se formou durante a ditadura civil-militar e tinha como finalidade a luta armada para derrubar o governo militar, contando com o apoio de outros partidos e grupos clandestinos. Nenhuma facção "revolucionária" obteve sucesso com seus interesses, todos foram perseguidos e reprimidos com prisões, torturas, exílio, mortes e desaparecimentos (Paula; Medeiros, 2020).

Acerca do envolvimento de grupos na política brasileira, Queiroz (2016, p. 15) argumenta que

> [...] no final da década de 1950 e, com maior vigor nos anos 1960, sobretudo, após o golpe militar de 1964, foi acompanhado da politização crescente da juventude, da intelectualidade, bem como de setores do operariado e de militares de baixa patente. Esse movimento provocou o surgimento de partidos e tendências revolucionárias, todos na ilegalidade, inclusive, o Partido Comunista Brasileiro (PCB)[13].

---

[12] O PCBR foi criado em 1968 por dissidentes do PCB seus membros defendiam a luta armada para derrubar o regime militar e implantar um governo popular revolucionário. Entre as décadas de 1960 e 1970 o partido se dedicou à guerrilha no país. O PCRB defendia a formação de núcleos de guerrilheiros no campo e considerava necessária a manutenção de uma estrutura partidária de apoio na cidade. Suas primeiras ações, em 1968, foram assaltos a bancos para obtenção de fundos. Entretanto, com a intensificação da repressão policial-militar aos movimentos de oposição e sobretudo aos grupos guerrilheiros, a organização praticamente se desarticulou. Partido Comunista Brasileiro Revolucionário (PCBR). Disponível em: https://www18.fgv.br/cpdoc/acervo/dicionarios/verbete-tematico/partido-comunista-brasileiro-revolucionario-pcbr. Acesso em: 28 set. 2023.

[13] Foi fundado em 1922, com o nome de Partido Comunista do Brasil e com a sigla PCB. No início da década de 1960, em função da possibilidade de legalização e para evitar provocações da direita, que afirmava ser o PCB apenas uma sucursal da Internacional Comunista, o partido trocou o nome de Partido Comunista do Brasil para Partido Comunista Brasileiro, de forma a enfatizar o caráter nacional do Partido. Nesse período, dissidentes do PCB resolvem se apropriar do nome anterior do PCB (Partido Comunista do Brasil), criaram e nomearam o novo partido com a sigla PCdoB, que aparece pela primeira vez na história política brasileira em 1962. Portanto, os dois partidos PCB e PCdoB passam a atuar com linhas ideológicas diferentes. Disponível em: https://pcb.org.br/portal2/580. Acesso em: 28 set. 2023.

Os movimentos lutavam por uma sociedade democrática onde as pessoas pudessem ter as liberdades de circulação, de expressão, artística, ensino e pesquisa, e direito de reunião. Grande parte dessas liberdades foram proibidas durante a ditadura civil-militar, ocorrendo violações dos Direitos Humanos.

O movimento estudantil foi ativo durante a ditadura civil-militar, realizando muitas mobilizações em diversas capitais estaduais no Brasil. A União Nacional dos Estudantes (UNE) possuía grande poder de mobilização em torno da defesa de suas pautas de interesse. Em 1966, a UNE realizou o seu 28.º congresso nacional, em Belo Horizonte. No mês de setembro desse ano, ainda, foram realizadas grandes passeatas em São Paulo, Belo Horizonte, Porto Alegre, Rio de Janeiro, Brasília e Curitiba, quando os estudantes reivindicavam ensino gratuito, autonomia universitária, não vinculação das universidades brasileiras com órgãos americanos, sobretudo a Agência dos Estados Unidos para o Desenvolvimento Internacional (USAID). Além, é claro, da defesa do fim da ditadura civil-militar (Martins Filho, 1997). Como podemos observar, havia grandes mobilizações em diversas cidades brasileiras por parte dos estudantes. Santos (2009) afirma que o auge desses protestos e manifestações foi o ano de 1968, em que aconteceu a "Passeata dos Cem Mil", a "Batalha da Rua Maria Antônia" e o XXX Congresso da UNE em Ibiúna/SP.

À medida que as mobilizações estudantis contra a ditadura aumentavam, a repressão realizada pelo Estado contra esses movimentos também aumentava. Conforme afirma Santos (2009, p. 102),

> [...] após a promulgação do Ato Institucional nº 5 (AI-5) em 1968, a repressão se intensificou àqueles que se opunham ao governo. Líderes estudantis e partidários foram perseguidos, muitos foram presos e torturados e alguns até foram mortos.

Durante o governo do general Castelo Branco foi criado o Conselho de Segurança Nacional (CSN), a partir da Lei de Segurança Nacional (LSN)[14], que colocava qualquer pessoa tanto na posição de vigia como de suspeito, devido à diversidade de possibilidades de crimes políticos. Com a publicação do AI-5, todos aqueles que fossem reconhecidos como opositores da ditadura civil-militar poderiam ser perseguidos e estavam

---

[14] Lei que define "os crimes contra a segurança nacional, a ordem política e social e dá outras providências" (Brasil, 1967).

sujeitos ao exílio político, prisão, tortura, morte e desaparecimento. O inimigo interno eram os comunistas ou qualquer pessoa que fosse contra os ideais do governo militar.

1.2 O debate historiográfico e a definição da estrutura de poder no Brasil do período de 1964 a 1985

A discussão sobre o ensino da História (conteúdos e propósitos) não pode ignorar o conhecimento historiográfico produzido na Academia. Isso vale também com relação às formas de abordagens do tema da ditadura no Brasil. Portanto, podemos destacar que, nas datas dos 40 e 50 anos do início desse período no país, houve importantes debates. Uma das principais polêmicas discutidas nos eventos diz respeito à natureza dessa forma de governo que se constituiu no período entre 1964 e 1985. A polêmica girava em torno de se deveria ser chamado de ditadura militar ou ditadura civil-militar. Essas reflexões fazem parte do processo de revisionismo historiográfico, reelaborar conceitos consolidados e criar outros são características do fazer historiográfico.

René Dreifuss (1981) defende que os fatos ocorridos em 1964 não foram um golpe das Forças Armadas contra João Goulart, mas a "culminância de um movimento civil-militar" (p. 361). Para o autor, os militares receberam apoio de uma grande parcela da sociedade civil que era contra o governo do presidente João Goulart. Assim, a campanha golpista foi realizada por entidades como o Instituto de Pesquisas e Estudos Sociais (IPES) e o Instituto Brasileiro de Ação Democrática (IBAD) e desenvolvida pelos grupos empresariais com auxílio financeiro do exterior.

De acordo com Dreifuss (1981),

> [...] esse movimento agiu de diversas formas, sobretudo, realizando campanhas com discursos ideológicos, sendo capaz de esvaziar uma boa parte do apoio ao executivo existente e reunir a classe média contra o governo (Dreifuss, 1981, p. 259 apud Daefiol, 2020, p. 3).

A suposta ameaça comunista disseminada pelo IPES e as "reformas de base" anunciadas pelo presidente João Goulart foram alguns dos motivos para a propagação política ideológica empreendida pela classe alta da sociedade brasileira para desorganizar a estabilidade política do governo constituído.

Dreifuss (1981) afirma que as classes médias tiveram participação decisiva no golpe do governo João Goulart, realizando protestos nas principais capitais do país, como as Marchas da Família com Deus e pela Liberdade, de iniciativa de grupos católicos conservadores com apoio do IPES. O autor enfatiza que os "civis" tiveram participação direta no golpe de Estado e na ditadura, pois havia um "projeto de classe". Ressaltamos que o historiador René Dreifuss escreveu o livro intitulado 1964: a conquista do estado em 1981. Nesse período os militares estavam no poder. Portanto, o acesso aos documentos da ditadura civil-militar era mínimo. Contudo, conseguiu produzir importantes estudos na época, que serviram como referência para outros trabalhos de pesquisa, inclusive o nosso.

Rodrigo Patto Sá Motta, em entrevista à Revista *Tempo e Argumento*, em 2011, defendeu que o período em que os militares estiveram à frente do governo brasileiro, entre 1964 e 1985, "foi uma ditadura civil-militar". Como podemos observar na citação:

> Foi, evidentemente, uma ditadura civil-militar. Em qualquer ditadura sempre há os civis, pois não é possível aos militares governarem sem apoio civil e, no caso brasileiro, a presença de civis foi muito importante em todas as esferas. Mas, foi uma ditadura com hegemonia militar: quem comandava e tomava as decisões eram os militares e a corporação militar controlou o poder, embora em associação com os civis (Motta, 2011 *apud* Campos; Falcão; Lindolfo, 2011).

Rodrigo Patto Sá Motta adjetiva o regime como ditadura civil-militar e justifica sua classificação naquela ocasião. O autor observa que esse é um tema politicamente delicado, porque a constatação do apoio social ao golpe e à ditadura pode ser manipulada para defender sua legitimidade. Contudo, ele afirma que ninguém tem dúvida de que os civis tiveram papel-chave nesse processo, porque nenhuma forma de ditadura permanece por muito tempo sendo baseada apenas em força militar.

> O apoio e o consentimento da população são necessários para dar estabilidade a qualquer forma de governo, inclusive as ditaduras. Para isso, lançam mão de estratégias de sedução e convencimento da população. Da mesma forma, as ditaduras precisam de quadros civis para governar, pois não é possível ocupar todos os postos com militares (Motta, 2017).

Esses argumentos do pesquisador deixam claro que o golpe de Estado contra o governo do presidente João Goulart em 31 de março de 1964[15] teve apoio de grupos civis. Assim como houve apoio de "civis" ao governo ditatorial. Nessa discussão historiográfica entre os dois estudiosos do tema ditadura, podemos observar que eles concordam que os civis deram apoio ao Golpe de Estado em 1964 e que, portanto, os governos militares do período tiveram apoio de "civis", inclusive ocupando cargos administrativos estratégicos nos governos.

Por sua vez, o historiador Daniel Aarão Reis Filho é um dos pesquisadores que têm publicado artigos, livros e participado dos debates ocorridos nas academias em razão das comemorações de 30 anos do fim da ditadura civil-militar no Brasil. Nesse sentido, Reis Filho denominava o período (1964-1985) como ditadura militar, de modo que podemos constatar no título de um de seus livros: *Ditadura militar, esquerdas e sociedade*, publicado em 2000. Nas recentes publicações, o autor tem reconhecido que a denominação de ditadura militar não se constitui como apropriada para nomear o período em que os generais governaram o país. Reis Filho entende que se tornou hábito comum chamar o regime político existente entre 1964 e 1979 de ditadura militar.

Assim, Reis Filho (2012) justifica esse "lugar comum" ao afirmar que "trata-se de um exercício de memória, que se mantém graças a diferentes interesses", e observa que essa memória não contribui com a compreensão da história recente do país, e da ditadura em particular, provocando os estudiosos a discutir acerca do tema. Ele reconhece que houve a participação de civis no Golpe de Estado e na ditadura ao afirmar que:

---

[15] No dia 31 de março, os militares passaram a concretizar a tomada do poder político no Brasil. No dia seguinte, 1º de abril de 1964, as ruas das principais capitais dos estados do Sudeste (Rio de Janeiro, São Paulo, Belo Horizonte) foram ocupadas por tropas militares. O Presidente João Goulart, ciente de sua precária segurança, dirigiu-se para a capital da República, Brasília, e, após um diálogo com membros de seu governo, decidiu rumar para Porto Alegre/RS. Ainda em Brasília, havia orientado seus correligionários, Darcy Ribeiro (1922-1997) e Tancredo Neves (1910-1985), a enviar uma carta ao Congresso Nacional esclarecendo sua ida ao Rio Grande do Sul. [...] Desprezando, contudo, a mensagem presidencial, o então presidente do Senado, Auro Soares de Moura Andrade (1915-1982), na madrugada de 02 de abril de 1964 decidiu declarar a vacância da presidência da República. O senador alegou que o Presidente João Goulart havia abandonado o território nacional, o que, definitivamente, não correspondia à verdade. Com aquele gesto, o presidente do Senado dava mais um passo na concretização do golpe de Estado que, por sua vez, seria chancelado pelo Supremo Tribunal Federal, o qual, em uma sessão burlesca, realizada às 3 horas da manhã do dia 02 de abril, deu posse ao presidente do Congresso Nacional, deputado Paschoal Ranieri Mazzilli (1910-1975). Desse modo, romperam com a legalidade constitucional não só a parcela da oficialidade militar envolvida no movimento sedicioso, como também outras instituições que deveriam resguardar o Estado democrático de direito (Comissão Nacional da Verdade, 2014, p. 305-306).

> As marchas da Família com Deus e pela Liberdade mobilizaram dezenas de milhões de pessoas, de todas as classes sociais, contra o governo João Goulart. A primeira marcha realizou-se em São Paulo, em 19 de março de 1964, reunindo meio milhão de pessoas [...] as Marchas eram compostas pela maioria dos partidos políticos, lideranças empresariais, políticos e religiosos, entidades da sociedade civil, como a Ordem dos Advogados do Brasil-OAB e a Conferência Nacional dos Bispos Brasileiros-CNBB, às direitas (Reis Filho, 2012).

Como podemos observar, o professor Daniel Aarão Reis Filho (2012) descreve os grupos sociais que participaram contra as Reformas de Base anunciadas por João Goulart. De acordo com o pesquisador, esses grupos temiam que no Brasil fosse instaurado um governo comunista e, portanto, aceitaram apoiar e participar das ações acreditando serem um "mal menor" para o país. Desse modo, o autor tem revisado seus conceitos de outrora e reconhecido o período político como uma ditadura civil-militar.

Esclarecida essa conjuntura, ressaltamos que o historiador Daniel Aarão Reis Filho (2012), de modo controverso, considera como ditadura o período que corresponde de 1964 até 1979, quando ocorreu a revogação do Ato Institucional n.º 5 e a posterior aprovação da Lei de Anistia, que restabeleceu o Estado de Direito. Depois dessa data, até 1988, ocorreu o que ele denominou de *período de transição democrática*, encerrado com a aprovação da nova Constituição.

> Em 1979, os Atos Institucionais foram, afinal, revogados. Deu-se início a um processo de transição democrática, que durou até 1988, quando uma nova Constituição foi aprovada por representantes eleitos. Entre 1979 e 1988, ainda não havia uma democracia constituída, mas já não existia uma ditadura (Reis Filho, 2012).

A periodização apresentada pelo historiador está fundamentada em critérios institucionais. O autor não analisa a conjuntura política e social que acontecia naquele lapso temporal para justificar suas argumentações. Quanto ao uso da adjetivação ditadura militar, Reis Filho (2012) atribui essa memória seletiva e conveniente aos que defendem o fim do período em 1985 com o término do mandato do último general presidente, pois, para ele, o estado de exceção teria deixado de existir desde 1979. Assim, Reis Filho (2012) considera que entre 1979 e 1988 não existia uma ditadura, mas um período de transição. Todavia, é necessário destacar que o autor compreendia o regime político governado pelos militares como "ditadura militar".

O historiador Carlos Fico (2012) entende que o Golpe de Estado em questão foi "civil-militar". Já o regime político que se efetivou o pesquisador considera como sendo uma "ditadura militar". Esse posicionamento do professor Carlos Fico foi proferido em uma audiência pública realizada pela Comissão Nacional da Verdade (CNV) na sede da OAB-RJ, no dia 13 de agosto de 2012. Como afirma Melo (2012):

> O historiador Carlos Fico, logo no início de sua exposição, foi enfático ao afirmar que "o golpe não foi militar, mas civil-militar", afirmação seguida por aplausos da plateia. [...] Ao mesmo tempo, quanto ao caráter do regime que ali se instalou, Carlos Fico pronunciou-se a favor da ideia de que aquela foi apenas uma ditadura militar, não sendo pertinente o adjetivo "civil". [...] A imprensa e os "civis" tiveram participação direta na preparação e execução do golpe. (Fico, 2012 *apud* Melo, 2012, p. 3).

Desse modo, ele atribui a responsabilidade dos fatos ocorridos no período em questão (1964-1985) aos governos militares. Para o autor, os militares tomavam as principais decisões do governo, diminuindo, assim, as responsabilidades dos grupos civis que deram apoio e sustentação à base do governo ditatorial. Entretanto, o historiador Carlos Fico não discute a participação política dos grupos civis (grandes empresários, bancários, fazendeiros, lideranças eclesiásticas) nos governos da ditadura civil-militar. Portanto, compreendemos que essa é uma interpretação limitada do pesquisador, pois deixa de analisar a participação de grupos que foram significativos na composição da estrutura do poder autoritário instituído no país. Por conseguinte, simplifica as complexas relações entre sociedade e governos ditatoriais, deixando de obter uma visão holística do período.

Da mesma maneira que existem historiadores que nomeiam o regime ditatorial como "civil-militar" outros defendem que o período em questão deve ser visto como uma "ditadura militar". Há críticas às duas visões.

Como professor de História, consideramos importante indicar para os discentes as diferentes possibilidades de leituras que existem acerca do tema. Devemos trabalhar com fontes históricas diversificadas que possibilitem acesso e apropriação das memórias dos acontecimentos, orientando-os para que formem uma postura reflexiva que levem ao diálogo, problematização, interpretações, debates e desenvolvam a consciência histórica.

No entanto, nos posicionamos favoravelmente a um desses posicionamentos. Considerando que militares e grupos de civis foram protagonistas da deposição do presidente João Goulart, o apoio de grupos empresariais brasileiros e norte-americanos ao golpe de Estado e ao regime, entendemos que o golpe de Estado se constituiu como um movimento civil-militar. Assim, corroboramos as ideias de pesquisadores como Dreifuss (1981), Motta (2011) e Reis Filho (2012) no tocante a esse aspecto.

1.3 O ensino de História sob influência da ditadura civil-militar

No Brasil, na década de 1950, foram criados cursos superiores de História que contribuíram para a difusão dos ideários de paz e dos princípios democráticos populistas após a II Guerra Mundial. Com o início da ditadura civil-militar, ocorreram mudanças políticas e ideológicas do Estado brasileiro acerca das concepções de ensino e aprendizagem. Nesse período foram realizadas as reformas educacionais com modificações nos currículos escolares da educação básica e do ensino superior.

Na vigência da ditadura civil-militar foram comuns as perseguições aos professores(as), repressão ao movimento estudantil e suspensão de cursos. Nessas circunstâncias, ocorreram as mudanças nas concepções para o ensino de História. No que concerne a isso, o historiador Aristeu Castilhos da Rocha (2008, p. 69) argumenta que:

> Em 1964, o golpe militar assinalou o fim da democracia populista e o declínio dos debates políticos e educacionais implementando torturas, perseguições, cassações e exílios. O movimento estudantil foi sufocado, professores e alunos perseguidos, salas de aulas invadidas, disciplinas tiveram sua carga reduzida e abordagens censuradas e vigiadas (História e Geografia), ou foram afastadas do currículo - Sociologia e Filosofia.

A Lei n.º 5.692/71 implantou o antigo 1.º grau com 8 (oito) anos de duração e o 2.º grau para formação profissionalizante com 3 (três) anos de duração. O currículo implementado era de caráter científico e de orientação tecnicista. Nessa lógica, a Lei Federal n.º 5.692, de 11 de agosto de 1971. afirma em seu Art. 1º:

> O ensino de 1º e 2º grau, tem por objetivo geral proporcionar ao educando a formação necessária ao desenvolvimento de suas potencialidades como elemento de autorrealização, qualificação para o trabalho e preparo para o exercício consciente da cidadania (Brasil, 1971).

Outra medida adotada pelo governo militar na reforma educacional foi a implementação do Decreto-Lei n.º 869, de 12 de setembro de 1969 – "Dispõe sobre a inclusão da Educação Moral e Cívica como disciplina obrigatória, nas escolas de todos os graus e modalidades, dos sistemas de ensino no país, e dá outras providências".

Em 1962, o Conselho Federal de Educação já havia criado a matéria Organização Social e Política Brasileira (OSPB), que durante a ditadura civil-militar tornou-se integrante do currículo do ensino fundamental da educação brasileira. "Em 1969, a disciplina se torna obrigatória para o 2.º grau do ensino. Com a Lei 5.692/71 a disciplina é mantida nos currículos escolares e passa também a ter carga horária nos currículos das escolas de 1º grau" (Martins, 2014, p. 45). Essa disciplina tinha como finalidade difundir valores moralizadores e ideológicos que orientavam o ensino com princípios de preservação da segurança, de manutenção dos sentimentos patrióticos, do dever e de obediência às leis. Por meio das fontes analisadas, percebemos que o governo militar usou a estrutura educacional estatal para criar mecanismos educacionais doutrinários buscando implementar e intensificar práticas cívicas no currículo da educação básica para criar legitimidade ao regime e buscar harmonia entre o povo e o Estado.

O Parecer n.º 853/1971 do Conselho Federal de Educação reuniu nos currículos escolares as disciplinas Educação Moral e Cívica, Organização Social e Política Brasileira (OSPB) e Estudos Sociais (que integrou conteúdos de História e Geografia), que formavam as Ciências Humanas em 1971.

A Lei n.º 5.692/1971 criou o Ensino Técnico Profissionalizante, modificando o currículo do ensino médio (antigo 2.º grau). Desse modo, a disciplina de História foi praticamente eliminada do 2.º grau (ensino médio). No ensino fundamental (antigo 1º grau), as matérias de História e Geografia passaram a integrar a disciplina de Estudos Sociais. A disciplina de História foi prejudicada e teve os conteúdos, objetivos e métodos de ensino-aprendizagem substituídos, e a carga horária curricular diminuída. O ensino de História estava voltado para memorização de princípios cívicos e de segurança nacional em detrimento da racionalização crítica dos conhecimentos. Acerca do ensino de História, Rocha (2008) expressa:

> A História predominante nas escolas, desde longa data até meados dos anos 80, era a mesma que embasava a "doutrina de segurança nacional", pautada na biografia dos grandes heróis da História Nacional – cujos feitos expressam o "ser nacional" e o estágio "civilizatório" dos povos. Ficavam excluídos os populares, os vencidos e os marginais de narrativas que constituíam abstrações mascaradoras das desigualdades sociais, da dominação oligárquica e da ausência de democracia (Gusmão, 2004, p. 101 *apud* Rocha, 2008, p. 74).

Além disso, a reforma educacional criou cursos de licenciaturas em Estudos Sociais para docentes com duração de um ano e meio. O objetivo era habilitá-los para lecionar no ensino de 5.ª a 8.ª série do antigo 1.º grau. Segundo Nascimento (2012), as Licenciaturas Curtas em Estudos Sociais foram criadas a fim de sanar a real carência de professores em determinadas regiões do país.

A pesquisadora Selva Guimarães Fonseca enfatiza que a implantação das licenciaturas curtas expressa as dimensões econômicas da educação, encarada como investimento, geradora de mercadoria (conhecimentos) e mão de obra para o mercado. Portanto, manifesta uma dimensão cada vez mais estreita do 1.º, 2.º e 3.º graus com o mercado capitalista. Assim, o papel dos cursos de curta duração atendia a lógica desse mercado (Fonseca, 1993, p. 26). Podemos constatar, por meio das fontes, que as mudanças realizadas no âmbito educacional buscavam atender as demandas da Doutrina de Segurança Nacional (DSN) e as questões econômicas do governo militar.

De acordo com Martins (2014), a História ensinada pela matéria de Estudos Sociais para discentes da Educação Básica era constituída a partir da seleção de conteúdo de uma História política, com valorização de datas e fatos marcantes que consagram os vultos históricos. Assim, a pesquisadora apresenta os objetivos postulados pelos legisladores reformistas para a disciplina de Estudos Sociais no 1.º grau, a saber:

No Ensino Fundamental concebia-se que os Estudos Sociais tinham por objetivo a seleção de saberes que promovessem no educando condições de uma vida em sociedade, tendo por princípios seu ajustamento e adequação à vida social, de forma cooperativa. Além disso, destacam-se entre os objetivos a capacidade dos "cidadãos" assumirem responsabilidades para com a comunidade, o Estado e a Nação, o respeito e a valorização do patrimônio histórico e cultural do país, a autoavaliação das condutas como indivíduos membros de um grupo e a transformação de condutas a partir da reformulação de conceitos (Martins, 2014, p. 47).

Portanto, as reformas educacionais feitas pelos governos militares tiveram a finalidade de controlar a formação dos jovens, requalificar os professores/professoras e limitar ou eliminar a concepção de ensino de História com postura crítica/reflexiva. Assim, o ensino de História escolar foi progressivamente sendo descaracterizado durante os governos militares. A ideia era tirar da disciplina História seu caráter de criticidade, que era entendida como "perigosa" para a ideologia de Segurança Nacional.

De acordo com Fonseca (1993), as reformas educacionais levavam em consideração os ideais propostos pelo Conselho de Segurança Nacional, cujo objetivo era controlar e reprimir as opiniões a fim de evitar ou eliminar qualquer resistência ao regime autoritário em vigor. Desse modo, era comum ocorrer repressão aos professores/professoras e aos estudantes, principalmente após a publicação do Ato Institucional n.º 5 (AI-5). Não havia liberdade de ensino nem de aprendizado. As disciplinas de História, Geografia, Filosofia e Sociologia eram matérias que possuíam conteúdos com concepções teóricas críticas e poderiam causar problemas ao governo ditatorial. Logo, as disciplinas de Filosofia e Sociologia tiveram seus conteúdos suprimidos no 2.º grau. Portanto, suas concepções de ensino deveriam ser reformuladas para adequação à nova doutrina política adotada pelo Estado brasileiro.

1.4 Redemocratização, novo tempo e novas ideias

Na década de 1980 ocorreram muitas mudanças no cenário político brasileiro, com a abertura política para a redemocratização[16] do país. O Brasil passou por um momento de grande efervescência política com

---

[16] Representou o término da ditadura civil-militar que vigorou entre 1964 e 1985 (21 anos). O processo de redemocratização teve início em 1974, com a abertura política iniciada no governo do Presidente General Ernesto Beckmann Geisel (1907-1996), e culminou com a eleição indireta de Tancredo de Almeida Neves.

o restabelecimento do pluripartidarismo, a reformulação e criação de movimentos sociais, lutas pelas eleições diretas para governadores, greves trabalhistas, fim do governo militar, criação de nova constituição para o país, inflação econômica e pobreza da maior parte da população. Essas são algumas situações elencadas da década de 1980.

Foram tais circunstâncias da redemocratização que possibilitaram o debate científico sobre o ensino público e privado. Assim, as novas discussões envolveram órgãos oficiais, universidades, escolas de 1.º e 2.º graus, associações científicas e sindicais. Os meios de comunicação (revistas, jornais, rádio, televisão) também passaram a discutir a reestruturação dos currículos da educação básica. Entre as entidades científicas, realçamos a importância da Associação Nacional dos Professores Universitários de História (ANPUH)[17], que, a partir de 1993, passou a se chamar Associação Nacional de História (incluindo professores da educação básica e de outras áreas de atuação dos historiadores). Destacamos que a Associação Nacional de História teve participação importantíssima no quesito social, durante e após a ditadura civil-militar, pois realizava debates em prol do ensino de História (o estudo, a pesquisa e a divulgação historiográfica).

Foram recebidas contribuições de movimentos populares, professores/professoras, pesquisadores e cientistas que se constituíram como informações fundamentais para a definição dos conteúdos curriculares e cooperação para o plano de formulação da universalização do ensino. Desse modo, ocorreu a ampliação do acesso à educação com a inclusão de parcelas significativas das classes sociais no sistema de ensino. Todavia, o Estado não estava preparado para ofertar uma educação com qualidade à sociedade. Existiam problemas estruturais, como escolas com infraes-

---

Contudo, a promulgação da nova Constituição Brasileira de 1988, consolidou os princípios democráticos e estabeleceu as bases para a organização política do país.

[17] A Associação Nacional dos Professores Universitários de História (ANPUH) foi fundada em 19 de outubro de 1961, na cidade de Marília/SP. A entidade trazia na sua fundação a aspiração da profissionalização do ensino e da pesquisa na área de História. Atualmente o quadro de associados é composto por professores(as) de História do ensino fundamental, ensino médio, graduação, pós-graduação, profissionais que trabalham nos arquivos públicos ou privados e nas instituições de patrimônio e memória espalhadas por todo o país. A abertura da entidade ao conjunto dos profissionais de História levou também à mudança do nome da instituição, que a partir de 1993 passou a se chamar de Associação Nacional de História, preservando-se, contudo, o acrônimo que a identifica há mais de 50 anos. A cada dois anos, a ANPUH realiza o Simpósio Nacional de História, o maior e mais importante evento da área de História no país e na América Latina. Associação Nacional de História. Disponível em: https://anpuh.org.br/index.php/quem-somos Acesso em: 4 out. 2023.

truturas inadequadas, formação deficiente dos professores(as), baixos salários e outros. A "escola para todos" não era sinônimo de qualidade de ensino-aprendizagem.

Nesse processo as disciplinas de História e Geografia voltaram a ser obrigatórias no currículo escolar do ensino fundamental e médio, assim como foram criadas as concepções acerca do ensino de História que definiram os princípios para os conteúdos e os procedimentos de ensino da matéria escolar. O retorno das disciplinas História e Geografia no currículo escolar foi resultado de muitas lutas por meio de debates enfrentados pela sociedade civil organizada.

Os novos postulados para o ensino de História e demais disciplinas passaram a se fortalecer durante a década de 1990 com a formulação de leis específicas que normatizaram o ensino. A Constituição Federal do Brasil, o Estatuto da Criança e do Adolescente, a Lei de Diretrizes e Bases da Educação Nacional, os Parâmetros Curriculares Nacionais e o Plano Nacional de Educação em Direitos Humanos consolidaram as mudanças educacionais pleiteadas pelos mais diversos grupos de intelectuais durante as décadas de 1980 e 1990.

Os currículos escolares na vigência da ditadura civil-militar cumpriam exigências político-ideológicas da ditadura. Com a redemocratização do país, ocorreram mudanças nas concepções de ensino de História e nos currículos escolares. Dessa forma, para as séries iniciais (1.º ao 5.º ano), as modificações tiveram como objetivo a retomada do ensino da História do cotidiano do aluno(a). Essa visão de ensino tem sido defendida por muitos estudiosos da área do ensino de História e vinha sendo ensinada muito antes da vigência da ditadura civil-militar.

De acordo com Bittencourt (2008), o ensino de história do cotidiano tem como principal objetivo a inserção das ações sociais, econômicas e culturais de pessoas comuns (homens, mulheres, crianças e idosos) no ensino da história escolar. Assim, é importante observar que o ensino de história do cotidiano retornou ao currículo escolar depois da criação dos Parâmetros Curriculares Nacionais (PCN) em 1997. O documento curricular inseriu a concepção como uma das acepções de ensino de história que tem se mantido até os dias atuais.

No ensino fundamental II (6.º ao 9.º ano) os pressupostos teóricos a serem ensinados no ensino de História têm como referência a historiografia sociocultural. De acordo com Bittencourt (2008, p. 114), "a escolha pela história sociocultural é justificada pela série de conceitos selecionados como fundamentais, destacando-se os de cultura, trabalho, organização social e representação de poder". Para a autora, o conceito de cultura substitui o conceito de civilização que fundamentou, segundo uma ótica eurocêntrica, durante muito tempo a História escolar.

Na década de 1990, os debates acerca do ensino de História ficaram mais frequentes e buscavam direcionar o ensino para uma perspectiva sócio-histórica, crítica e humanizada. Como aponta o pesquisador Aristeu Castilhos da Rocha (2008):

> Além de 'formar o cidadão crítico e consciente', o Ensino de História deveria eliminar o ideário nacionalista do regime militar e abordar as questões ligadas à identidade social. Os conteúdos que propagavam uma visão eurocêntrica, linear e sob a ótica da ideologia do progresso do capitalismo deveriam, gradativamente, ser substituídos por saberes indispensáveis para uma visão embasada na nova produção historiográfica e que deveria salientar o Brasil inserido em um mundo cada vez mais globalizado. Essa nova aborda-gem deveria contribuir para a formação de um aluno livre, consciente, responsável e capaz de interferir na sociedade, como um sujeito histórico (Rocha, 2008, p. 77).

Assim, o ensino de História tinha a função da formação intelectual, social e crítica do cidadão. O novo sentido do ensino de História preocu-pava-se em desenvolver no(a) aluno(a) habilidades que o(a) levassem a pensar, refletir e pesquisar.

As propostas curriculares do ensino de História após a ditadura civil-militar procuram ultrapassar uma história linear, política, mecani-cista, positivista, etapista, heroica, factual, eurocêntrica, com um passado único para a humanidade. De acordo com Rocha (2008), elas inovam, abordando o conhecimento histórico por meio de eixos temáticos extraí-dos da realidade social, de forma global, crítica, dinâmica e participativa. Essas inovações acabam se refletindo na produção dos livros didáticos.

Nesse contexto de intensos debates na sociedade acerca da educação nacional, em 20 de dezembro de 1996 foi sancionada, sob o n.º 9.394/96, a Lei de Diretrizes e Bases da Educação. A LDB regulamentou o texto prescrito pela Constituição Federal Brasileira, que ampliou os direitos de acesso à educação e os deveres imanentes a ela, elencando como responsáveis pela educação a família e o Estado com o apoio da sociedade. Como podemos constatar a seguir na Constituição de 1988, Art. 205:

> A educação, direito de todos e dever do Estado e da família, será promovida e incentivada com a colaboração da sociedade, visando ao pleno desenvolvimento da pessoa, seu preparo para o exercício da cidadania e sua qualificação para o trabalho (Brasil, 1988).

Desse modo, o ensino de História do Tempo Presente deve estar em harmonia com os interesses e concepções formuladas pela Constituição Federal Brasileira e pela legislação complementar.

Nesse sentido, a Lei n.º 9.394/1996 de Diretrizes e Bases da Educação Nacional propõe que

> [...] a educação básica tem como finalidades desenvolver o educando, assegurar-lhe a formação comum indispensável para o exercício da cidadania e fornecer-lhes meios para progredir no trabalho e em estudos superiores (Brasil, 1996, *on-line*).

Assim, compreende-se a educação formal como um processo de ensino inclusivo que possibilite aos discentes o desenvolvimento de conhecimentos críticos e reflexivos da realidade do mundo em que estão inseridos.

Em 1997 foram publicados os Parâmetros Curriculares Nacionais (PCNs) para o ensino de História. O documento tem a finalidade de orientar e auxiliar no planejamento do trabalho docente. Entre os objetivos postulados pelo documento para o ensino de História aos educandos destacamos:

> Identificar o próprio grupo de convívio e as relações que estabelecem com outros tempos e espaços; valorizar o patrimônio sociocultural e respeitar a diversidade, reconhecendo-a como um direito dos povos e indivíduos e como um elemento de fortalecimento da democracia (Brasil, 1997, p. 33).

Dessa forma, os PCNs contribuem com orientações para que o historiador/professor possa trabalhar em sala de aula com temas que valorizem os conhecimentos presentes nos grupos sociais a que os alunos(as) pertencem, de modo a compreender a relação histórica espacial e temporal. Assim, nesse novo cenário político-democrático foi instituído pelo Estado brasileiro nos currículos da Educação Básica a concepção da História Sociocultural. Essa concepção atual tem como objetivo a formação humanizada do indivíduo para exercer a cidadania e prepará-lo para o trabalho.

1.5 O ensino de História escolar, o exercício da cidadania e os Direitos Humanos

O ensino de História escolar pode possibilitar aos educandos práticas orientadas ao entendimento do que são os Direitos Humanos, em que medida eles servem para os cidadãos como direitos subjetivos e formais na sociedade atual. Essa estratégia contribuirá para a ampliação do conhecimento dos alunos(as) acerca dos Direitos Humanos e dos princípios democráticos, proporcionando o incentivo ao desenvolvimento da tolerância, ética e do respeito à vida humana. A Educação em Direitos Humanos é um conhecimento educacional fundamental para a formação integral do sujeito, sendo a escola um espaço privilegiado para esse processo. Desse modo, a inclusão da Educação em Direitos Humanos no ensino de História contribuirá para desnaturalizar qualquer forma de violência na sociedade contemporânea.

Assim, o ensino de História pode contribuir com a formação discente ensinando valores democráticos de respeito à vida e aos diferentes modos de viver das pessoas. Também pode colaborar com os sujeitos no desenvolvimento de princípios como a tolerância, responsabilidade, honestidade, solidariedade e justiça. Logo, essas orientações contribuirão com os indivíduos para a rejeição da violência e para o desenvolvimento da cultura de paz na sociedade. Dessa maneira, o ensino de História pautado nos princípios democráticos e na Educação em Direitos Humanos formará pessoas para a cidadania. Nesse sentido, Paula e Medeiros (2020) entendem que Educação em Direitos Humanos se refere ao conhecimento de todas as pessoas sobre seus Direitos Humanos de como defendê-los e protegê-los. Esses preceitos fazem oposição aos ideais autoritários de violação dos Direitos Humanos que constituíram a ditadura civil-militar.

A pesquisadora Marilena Chauí (2019) entende que a formação para cidadania é uma ação civilizatória que torna o livre exercício do pensamento e da imaginação como um direito para que haja descoberta, invenção e criação. Portanto, a educação é entendida como um direito humano e meio de acesso a outros direitos. Já a Educação em Direitos Humanos, de acordo com Rosa (2020, p. 57), se refere ao ato de se direcionar o processo da educação (formal ou informal) para o entendimento, a defesa, a promoção e a vivência dos/nos Direitos Humanos.

Portanto, a cidadania, crítica e ativa, é fundamento para que se pense em respeito, defesa e promoção de Direitos Humanos. Já que o próprio respeito aos Direitos Humanos é uma das características da cidadania que se pretende promover. Nesse contexto, cabe-nos reafirmar o que dispõe o Plano Nacional de Educação em Direitos Humanos (PNEDH), ao expressar que "em tempos difíceis e conturbados por inúmeros conflitos, nada mais urgente e necessário que educar em direitos humanos, tarefa indispensável para a defesa, o respeito, a promoção e a valorização desses direitos" (Brasil, 2007, p. 22). Nesse contexto, a inclusão da Educação em Direitos Humanos no ensino de História escolar da atualidade se constitui como um importante conhecimento para a formação cidadã.

A Educação em Direitos Humanos é um tema transversal, podendo ser ensinado em qualquer área do conhecimento escolar. Portanto, a escola possui essa responsabilidade e o ensino de História em vigor tem a tarefa de propagar a defesa dos Direitos Humanos e da democracia[18]. Ao ensinarmos História, realizamos escolhas de concepções, conteúdos, metodologias, recursos, formas de avaliação e, consequentemente, nos posicionamos por meio de interesses teóricos, epistemológicos e políticos. Desse modo, a seleção apropriada dos conteúdos é um grande desafio dos(as) professores(as) de História para o desenvolvimento do ensino-aprendizagem e formação cidadã crítica na época atual. Como princípio dessa questão temos o cumprimento da Constituição e das normas infraconstitucionais, o respeito aos Direitos Humanos, a tolerância à diversidade, a cultura de paz e o dever de memória às vítimas da ditadura civil-militar.

A escola e o ensino de História podem assumir a função que consideramos fundamental, neste momento, ensinar Educação em Direitos Humanos e contrapor a política do silenciamento, esquecimento e privação da memória implementada pelo Estado brasileiro no pós-ditadura civil-militar. Como professores(as) de História, podemos tomar decisões

---

[18] Cf. "Democracia: forma de sociedade que visam as políticas e práticas equitativas de acesso a direito; Sistema político que tem como oposição à ditadura; forma sociopolítica definida pelo princípio da isonomia (igualdade dos cidadãos perante a lei) e da isegoria (direito de todos de expor em público suas opiniões, vê-las discutidas, aceitas ou recusadas), tendo como base a afirmação de que todos são iguais porque livres, isto é, ninguém está sob o poder de um outro, todos obedecem às mesmas leis das quais todos são autores; forma política na qual, ao contrário das demais, o conflito é considerado legítimo e necessário, buscando mediações institucionais para que possa exprimir-se. A democracia não é o regime do consenso, mas do trabalho dos e sobre os conflitos" (Chauí, 2019).

políticas e pedagógicas e trabalhar em sala de aula com os temas sensíveis. Acerca dessa temática, Sales (2021, p. 31) entende que

> [...] os temas sensíveis são potentes para ensinar História, pois não envolvem um ponto de vista universal e, nesse sentido, são desafiadores e relevantes. Mas não somente isso. Há outra dimensão de sua abordagem que se soma à complexidade de seu tratamento em sala de aula: eles envolvem pertencimentos, identidades e prioridades em conflito, suscitam emoções.

O historiador Evandro Viana Rosa (2020), ao discutir sobre o ensino de História acerca da ditadura civil-militar, afirma que a existência de controvérsias sobre o tema reforça a necessidade de estabelecermos um debate cada vez maior sobre este assunto, ainda que alguns não queiram falar sobre ele. O autor declara que

> [...] pensar sobre a ditadura é pensar na violação dos direitos humanos e nos avanços, limites e possibilidades de nossa democracia. A escola, apesar das contradições existentes em seu interior, reflexo da sociedade, ainda ocupa um papel importante na problematização do passado recente na medida em que se estabelece a ideia do 'Nunca Mais'. A história dentro deste contexto tem como finalidade não um julgamento, mas a produção de um saber que possibilite a reflexão das memórias e com isso um posicionamento consciente sobre o passado (Rosa, 2020, p. 65).

Assim, ressaltamos a importância do ensino da ditadura civil-militar, compreendido como tema sensível, no ensino de História escolar na época atual concomitantemente com o ensino da Educação em Direitos Humanos para os discentes do 9.º ano do ensino fundamental II, conforme preconizado pela Base Nacional Comum Curricular (BNCC) (Brasil, 2018), como desenvolvimento de habilidades pelos educandos, a saber:

> Desenvolver nos discentes as habilidades de identificar e compreender o processo que resultou na ditadura militar no Brasil e discutir a emergência de questões relacionadas à memória e à justiça sobre os casos de violação dos direitos humanos; discutir os processos de resistência e as propostas de reorganização da sociedade brasileira durante a ditadura militar (Brasil, 2018, p. 431).

A BNCC orienta o ensino do tema ditadura civil-militar para os discentes com a finalidade de desenvolver nos(as) alunos(as) habilidades cognitivas de identificar e compreender as memórias historiográficas que tratam da organização da sociedade brasileira durante e depois dos governos militares, assim como os processos de resistências, os casos de violação de Direitos Humanos e as formas de reparação do Estado brasileiro por meio da justiça.

Portanto, no debate historiográfico sobre a ditadura civil-militar, de modo geral, discute-se diversos temas com diferentes vieses ideológicos, econômicos, político-sociais, violência, direitos humanos e outros. Todavia, os conteúdos acerca da ditadura civil-militar presentes nos livros didáticos de história do PNLD são resumidos e apontam para narrativas macro. Essa situação confere maior ênfase aos fatos ocorridos no Sudeste do país. Assim, são deixadas fora dos manuais didáticos as narrativas de acontecimentos históricos que ocorreram em outras regiões do Brasil.

As discussões acerca da violência praticada pelo Estado durante a ditadura civil-militar possuem relação direta com as memórias que pesquisamos neste trabalho, acerca de Emmanuel Bezerra dos Santos. Portanto, de acordo com as informações do Relatório Final da Comissão Nacional da Verdade[19] (2014, p. 1292-1295), Emmanuel Bezerra dos Santos foi integrante do movimento estudantil do Rio Grande do Norte na década de 1960; posteriormente, ainda na mesma década filiou-se ao Partido Comunista Brasileiro (PCB) e, por discordar dos princípios ideológicos dessa agremiação durante a ditadura civil-militar, desfiliou-se e associou-se ao Partido Comunista Revolucionário (PCR); foi preso político durante a ditadura, sofreu tortura física e morreu em decorrência de ação perpetrada por agentes do Estado brasileiro; também foi considerado desaparecido político durante a ditadura civil-militar.

A memória de Emmanuel Bezerra dos Santos está institucionalizada no município de Caiçara do Norte/RN e em vários lugares de memórias no Rio

---

[19] Instituída pela Lei n.º 12.528, em 18 de novembro de 2011, a CNV teve por objetivo examinar e esclarecer o quadro de graves violações de direitos humanos praticadas pelo Estado brasileiro entre 1946 e 1988, buscando consolidar o direito à memória e à verdade histórica e promover a reconciliação nacional. Iniciou seus trabalhos em 16 de maio de 2012, tendo concluído os mesmos em 10 de dezembro de 2014, data da publicação de seu relatório final e ano do cinquentenário do golpe militar (31 de março de 1964) que levou o Brasil a vivenciar por mais de vinte anos um regime ditatorial. SCHETTINI, Andrea. O que resta da Comissão Nacional da Verdade?: A política do tempo nas comissões da verdade. *Rev. Direito e Práx.*, Rio de Janeiro, v. 13, n. 3, 2022, p. 1427. Disponível em: https://www.scielo.br/j/rdp/a/K3tDKmkmzVkTWfc5vgVrJZx/?format=pdf&lang=pt. Acesso em: 27 jun. 2023.

Grande do Norte. A CNV (2014) reconheceu que o cidadão Emmanuel Bezerra dos Santos teve seus Direitos Humanos violados pelo Estado brasileiro.

Desse modo, as memórias acerca de Emmanuel Bezerra dos Santos, de acordo com o Documento Curricular do RN para o ensino de História no ensino fundamental (Rio Grande do Norte, 2018, p. 975), são fontes históricas por serem vestígios, formas de expressão, testemunhos de fatos que ocorreram no passado e por possuírem significado histórico. O Documento Curricular do RN preconiza que o(a) professor(a) do ensino de História:

> Pode desenvolver uma problematização a partir do cotidiano dos alunos e da comunidade na qual se encontram e aprofundar tais discussões historicamente por meio dessas fontes e de sua análise. Tal material possui grandes potencialidades educativas, porque, por meio dele, é possível cultivar procedimentos de pesquisa; explorar métodos de coleta de dados; desenvolver atitudes questionadoras para aprender a interrogar obras, seus usos e suas mensagens; indagar suas relações com indivíduos, grupos locais e sociedades; interpretar discursos; analisar representações; entre outras possibilidades (Rio Grande do Norte, 2018, p. 975).

Nessa perspectiva, as memórias de Emmanuel Bezerra dos Santos presentes na Escola Estadual Godofredo Cacho, na cidade de Caiçara do Norte e no Rio Grande do Norte, que se relacionam com as memórias da ditadura civil-militar são fontes históricas que possuem grandes potencialidades educativas que o(a) professor(a), juntamente com os(as) alunos(as), pode problematizar de diversas maneiras e obter aprendizagens históricas significativas.

1.6 A ditadura civil-militar sob o olhar dos professores(as) do Profhistória

O Curso de Mestrado Profissional em Ensino de História em Rede Nacional (Profhistória) teve início em 2014, tendo como objetivo proporcionar formação continuada que contribua para a melhoria da qualidade do exercício da docência em História na Educação Básica. Desse modo, o Profhistória tem contribuído expressivamente com o ensino e pesquisas científicas de diversos assuntos no campo de ensino de História. Entre os mais diferentes temas discutidos pelos(as) pesquisadores(as) do programa encontra-se a ditadura civil-militar.

A partir desse conhecimento, realizamos uma pesquisa na aba Dissertações do Portal do Profhistória, onde digitamos as palavras-chaves *ditadura civil-militar* e *Direitos Humanos*, que são relevantes em nosso trabalho. Entre as diversas publicações que encontramos, escolhemos 10 (dez) trabalhos que foram publicados entre 2018 e 2021. Selecionamos esse recorte temporal levando em consideração as publicações mais recentes no âmbito do Profhistória e, desse modo, observamos como esses temas foram discutidos por professores/historiadores em suas pesquisas.

A violência realizada como política de Estado durante a ditadura civil-militar tem sido objeto de preocupação dos professores(as) do Profhistória. As questões sobre violência estatal, política de silenciamento, direito à memória, repressão, censura, prisão, tortura, desaparecimento e Direitos Humanos são subtemas que se apresentam nas discussões das dissertações analisadas em maior quantidade. Nossa finalidade é expor alguns aspectos que foram discutidos pelos pesquisadores do Profhistória que têm similaridade com o nosso trabalho.

Esses conteúdos, debatidos pelos professores/pesquisadores do Profhistória, estão de acordo com as competências para o ensino de História vigentes na BNCC, que tem a finalidade de desenvolver nos discentes a

> [...] compreensão da historicidade no tempo e no espaço relacionando acontecimentos e processos de transformação e manutenção das estruturas sociais, políticas, econômicas e culturais, bem como problematizar os significados das lógicas de organização cronológica (Brasil, 2018, p. 402).

Dessa forma, a compreensão dos fatos ocorridos na ditadura civil-militar, como a violência de Estado, as mudanças políticas e sociais, a percepção cronológica, é um dos conhecimentos históricos propostos para os discentes presentes nas dissertações analisadas.

Nesse sentido, a professora e historiadora Izabella Gomes Lopes Bertoni (2018, p. 145) considera que "o regime militar montou uma grande máquina repressiva que recaiu sobre a sociedade, baseada em um tripé: vigilância – censura – repressão". A autora afirma ainda que

> [...] além da censura, a vigilância era um aspecto estratégico para o regime. Sua função central era produzir informações sobre pessoas, movimentos sociais, instituições e grupos

políticos legais ou ilegais, evitando surpresas para o governo. Informações que poderiam, no futuro, produzir a culpabilidade dos vigiados. O eixo do sistema de informações era o Serviço Nacional de Informações (SNI), criado em junho de 1964 (Bertoni, 2018, p. 110).

A professora e historiadora Cíntia Virgínia Sales (2021), por sua vez, nos faz crer que "a violência da Doutrina de Segurança Nacional (DSN) ocasionou o desaparecimento de aproximadamente 90 mil pessoas no Brasil, Argentina, Chile e Uruguai em consequência direta de tal geopolítica" (Sales, 2021, p. 27).

Para Sales (2021), as sociedades do Cone Sul foram objeto de uma influência e penetração psicológica em quase todas as instâncias da vida cotidiana, nunca vista até então em sua sistemática concepção e nos virtuais alcances para a cultura e a situação psicossocial daquela geração. Ela também discute e problematiza o termo "desaparecimento", entendendo-o como uma das naturezas/tipos de violência empregados pelo Estado durante a ditadura civil-militar, e mostra as consequências que "a morte da morte"[20] trouxe para a sociedade brasileira até os dias atuais, ao citar:

> Ao promover a morte da própria morte dos opositores políticos e integrantes de grupos guerrilheiros, o desaparecimento resultou no assassinato físico e simbólico de pessoas sem qualquer militância, como os fetos, bebês, crianças e adolescentes. Também foi um fator determinante para a intimidação e submissão de setores da sociedade, atingidos direta ou indiretamente pela multiplicação de seus efeitos. Utilizando o jargão militar, pode-se dizer que não se tratou de uma "guerra" convencional, mas de uma "guerra total" e "psicológica". Concebida com base nas ambiguidades e imprecisões sobre as definições de quem era o real "inimigo" até a adoção da prática do desaparecimento como política de eliminação da dissidência e da oposição (Bauer, 2014, p. 36-37 *apud* Sales, 2021, p. 27).

A adoção do desaparecimento como política de Estado é uma prática terrível para a sociedade, pois se constitui como um fator determinante para a intimidação e submissão de grupos opositores à ditadura civil-militar. De acordo com Bertoni (2018), para o sistema repressivo de então, essa solução (o desaparecimento de pessoas) tinha a vantagem de desobrigar

---

[20] Termo empregado pela historiadora Carolina Bauer (2011) para explicar e problematizar o desaparecimento político de pessoas que foram opositores à ditadura civil-militar brasileira (1964-1985).

o governo e as autoridades como um todo de qualquer informação oficial sobre o militante desaparecido.

A violência de Estado empregada por meio da prática da tortura é outro elemento discutido pelos historiadores/pesquisadores do Profhistória. Essa forma de violência foi cometida por agentes constituintes do governo da ditadura civil-militar brasileira, sendo aplicada contra presas e presos políticos considerados pelo Estado como pessoas subversivas.

Contudo, os(as) legisladores(as), por meio da Constituição Federal do Brasil de 1988, seguindo as recomendações da Organização das Nações Unidas (ONU), entre elas, a condenação das práticas de tortura pelo mundo, transformam a prática em crime hediondo e inafiançável, tomando como um dos fundamentos básicos a dignidade da pessoa humana. Como podemos constatar, a seguir no Art. 5.º, Inciso III: "ninguém será submetido a tortura nem a tratamento desumano ou degradante" (Brasil, 1988).

Segundo o professor e historiador Osvaldo Santos Falcão (2019, p. 23), "no período ditatorial, especialmente após a edição do Ato Institucional nº 05 (AI-5), ficou provada a prática da tortura política contra setores da sociedade que defendiam a ampliação dos direitos sociais e humanos".

Alguns professores defendem que houve uma política de silenciamento. A professora Sales (2021) afirma que a sociedade não discutiu sobre o regime ditatorial. Para a autora, a Lei da Anistia[21] não resultou no enfrentamento das consequências do período.

> Ao contrário, foi uma estratégia de manter o silenciamento, não culpabilizando o Estado, não incriminando seus agentes pelos atos praticados. A política do apaziguamento propôs a garantia da convivência, o bem comum, e com isso deveria se esquecer do passado caminhando em prol da superação para que a nação brasileira pudesse progredir e não haver novos conflitos" (Sales, 2021, p. 28).

A política adotada pelo Estado brasileiro em prol do esquecimento e da superação, já que teria havido o cometimento de crimes pelos dois lados (Estado brasileiro e dos insurgentes) teria atingido diretamente o "direito de memória" das vítimas, familiares e da sociedade. Apesar do relevante trabalho desenvolvido pela Comissão Nacional da Verdade (CNV) e das Comissões Estaduais da Verdade (CEV), notamos que ainda

---

[21] Lei n.º 6.683, de 28 de agosto de 1979.

existem muitas informações acerca da ditadura civil-militar que não podem ser esquecidas.

O professor e historiador Élton Rigotto Genari (2018), ao tratar da memória acerca da ditadura civil-militar no ensino de História na atualidade, entende que as fontes históricas existentes do regime militar podem ser articuladas pelos professores de diversas formas. Para o autor,

> [...] o intuito é incluir no ensino de história as memórias individuais em seus diversos formatos, bem como as memórias coletivas, criando um ambiente de diálogo entre essas diferentes experiências em que as memórias negadas possam emergir e ser reconhecidas. E desse modo, permitir a compreensão dos diferentes sujeitos envolvidos e suas motivações sem, no entanto, exími-los da responsabilidade por seus atos e omissões (Genari, 2018, p. 25).

Os historiadores do Profhistória, ao abordarem as memórias historiográficas acerca da ditadura civil-militar, chamam a atenção dos professores(as) do ensino de História escolar para ampliar a discussão sobre o tema. Os pesquisadores entendem que a ditadura civil-militar se constituiu como uma política formal do Estado, suscitando tipos de experiências políticas e sociais diversificadas e deixando vestígios/memórias sensíveis.

Não obstante, é importante destacar, houve resistência contra as concepções políticas e ideológicas autoritárias, e em particular no que diz respeito à educação adotada pelos governos militares. Diferentes grupos da área da Educação resistiram, como intelectuais, professores(as) de universidades e da rede básica de ensino, entidades representativas de profissionais da educação, como sindicatos trabalhistas e a Associação Nacional de História (ANPUH). Houve também resistência nos meios populares e da imprensa por outros motivos. Todavia, são questões pontuais, pois predominaram, de modo geral, os princípios instituídos pela ditadura civil-militar.

Portanto, buscamos mostrar como alguns subtemas relacionados à violência estatal, ocorrida durante a ditadura civil-militar brasileira, se apresentam nas dissertações do Profhistória. Desse modo, nossa pesquisa também corrobora a preocupação de discutir no ensino de História do Tempo Presente as questões relacionadas à violência de Estado praticadas na ditadura civil-militar e dialogar acerca de temas como democracia, Direitos Humanos e cidadania.

O ENSINO DE HISTÓRIA ENTRE MEMÓRIAS: A DITADURA CIVIL-MILITAR NOS LIVROS DIDÁTICOS DE HISTÓRIA

Percebemos que as memórias historiográficas acerca da ditatura civil-militar estão presentes no livro didático de História que utilizamos em sala de aula, conforme preconiza a BNCC (Brasil, 2018). Assim, compreendemos que o livro didático é um importante recurso pedagógico que auxilia professores(as) e alunos(as) no processo de ensino-aprendizagem a partir de valores ideológicos que se fazem presentes nas concepções historiográficas e nas metodologias do ensino.

Observamos que, no Brasil, o livro didático tem sido objeto de socialização de conhecimentos históricos escolares sistematizados. Ele tem se constituído como um importante recurso para o ensino da História. Os estudos mais recentes têm mostrado diferentes interpretações acerca dos manuais de ensino. Os trabalhos analisam temas como o currículo formal[22], historiografia, a didática de ensino, as metodologias, as abordagens de concepções históricas, políticas, econômicas, a relação tempo-espaço, cidadania, as diferentes ideologias presentes nos livros, as produções didáticas das editoras e muito mais.

Os livros didáticos são utilizados nas escolas por docentes e discentes há quase dois séculos. Eles são artefatos da "cultura escolar", apesar da concorrência com as Novas Tecnologias da Informação e Comunicação (NTIC) (rádios, televisores, computadores, notebook, tablets, smartphones e outras), que passaram a ser instrumentos mediadores do processo de ensino-aprendizagem nas escolas, proporcionando rapidez na produção e divulgação dos novos saberes. Mesmo assim, os livros didáticos continuam a resistir às mudanças ocasionadas pela difusão dos novos saberes proporcionadas por suportes informacionais digitais. E continuam

---

[22] "Currículo formal é um conjunto de dispositivos pedagógicos, composto por conteúdos tradicionalmente organizados nas áreas dos diferentes campos disciplinares, metodologias, mecanismo de avaliação, definido como o mais desejável dentro de uma determinada ótica" (Silva, 2004, p. 12).

presentes nas salas de aulas como o principal material pedagógico disseminador de conhecimentos sistematizados para professores e alunos (Fonseca, 2004, p. 49).

Os livros didáticos de História adquiriram grande importância no espaço escolar, sobretudo a partir de 1990, com as mudanças de concepções ideológicas voltadas para o ensino da História Social e da Cultura. Assim, essa nova perspectiva teve como finalidade a formação de cidadãos capazes de refletir sobre sua realidade histórica. Portanto, os livros didáticos como recurso pedagógico da educação formal contribuem para a democratização do conhecimento e para a construção de identidades.

Logo, compreendemos que a organização dos livros didáticos está associada ao seu tempo histórico, às políticas educacionais e as tendências pedagógicas vigentes. Dessa maneira, os livros didáticos são utilizados por docentes e discentes para leituras, consultas ou complementação de informações. Assim, os conteúdos presentes nos livros didáticos são flexíveis por receberem influências de diferentes campos do saber, o que faz com que atraiam questionamentos e críticas por parte dos pesquisadores com relação aos conteúdos neles presentes.

No que diz respeito à qualidade dos livros didáticos de História que foram publicados nas décadas de 1980 e 1990, observa-se que houve evolução na qualidade dos produtos por apresentarem linguagens diversificadas, recortes textuais, documentos, mapas, fotografias, notícias de jornais, músicas, indicações de mídias, textos de reflexão acerca do fazer historiográfico. O livro didático, além de um importante artefato historiográfico do cotidiano escolar, é também um importante "lugar de memória". Neste capítulo buscaremos compreender como a memória historiográfica da ditadura civil-militar se apresenta nos livros didáticos dos períodos selecionados.

2.1 As narrativas históricas sobre a ditadura civil-militar em livros didáticos de História (1967-2005)

Para conhecer essa memória historiográfica, iremos utilizar como referência o estudo realizado pelo historiador Aristeu Castilhos da Rocha (2008). Todavia, sem a pretensão ingênua de dar conta de toda discussão feita pelo autor em seu trabalho. O objetivo de Rocha (2008) nesse estudo foi conhecer como os conteúdos acerca dos governos militares se apresentavam nos livros didáticos que foram destinados às escolas públicas. Para isso, o pesquisador utilizou alguns parâmetros para análise dos manuais. Entre eles, estava a condição de que os livros didáticos de História e Geografia (Estudos Sociais) deveriam ter sido destinados a professores(as) e alunos(as) do antigo 2.º Grau (atualmente denominado de ensino médio) a partir de 1977.

O primeiro conjunto de livros escolhidos pelo autor para análise corresponde a 10 (dez) livros didáticos[23] que foram publicados entre os anos de 1967 e 1988. O pesquisador realizou uma análise quantitativa do sumário dos livros selecionados com a finalidade de verificar a quantidade de páginas que cada livro destinava por capítulo para o tema regime militar. Nesse sentido, foi constatado que do total de 2.874 páginas, correspondente aos 10 (dez) livros pesquisados, 77 páginas, que correspondem a 2,67%, tratavam do tema regime militar. O historiador identificou três obras que não apresentavam capítulos com o tema regime militar ou governo militar. Assim, também observou que os capítulos dos livros pesquisados traziam poucas páginas discutindo o tema ditadura civil-militar.

Aristeu Castilhos da Rocha, ao analisar os livros didáticos de História produzidos durante a ditadura civil-militar, identificou que "os compêndios didáticos foram elaborados em um período histórico marcado pelo regime militar e cumpriam a importante tarefa de divulgar um nacionalismo ufanista e patriótico" (Rocha, 2008, p. 130). Ele também observa que a indústria editorial recebeu incentivos fiscais do governo brasileiro para produção de livros didáticos, favorecendo o crescimento editorial no período. Acerca das metodologias de ensino presentes nos livros didáticos da época, o autor nos informa que:

> Os livros eram elaborados com a intenção de levar o aluno a memorizar e repetir lições, pouco ajudando na sua formação intelectual. Na prática, aprender era sinônimo de repro-

---

[23] Livros didáticos pesquisados no primeiro grupo (1967-1988): **1** - título: *História do Brasil,* autor: Armando Souto Maior, editora: Cia Editora Nacional, ano de publicação: 1967, edição: 10.ª; **2** - título: *História do Brasil,* autor: Hélio Viana, editora: Melhoramentos, ano de publicação: 1967, edição: 5.ª; **3** - título: *Compêndio de História do Brasil,* Autor: A. J. Borjes Herminda, editora: Cia Editora Nacional, ano de publicação: 1973, edição: 58.ª; **4** - título: *TDH Brasil,* autor: Elian Alabi Lucci, editora: Saraiva, ano de publicação: 1979, edição: 1.ª; **5** - título: *História do Brasil,* autor: Joel Rufino dos Santos, editora: Marco Editorial, ano de publicação: 1979, edição: 1.ª; **6** - título: *História do Brasil,* autor: Olavo Leonel Ferreira, editora: Ática, ano de publicação: 1982, edição: 5.ª; **7** - título: *História do Brasil,* autor: Nelson Piletti, editora: Ática, ano de publicação: 1982, edição: 1.ª; **8** - título: *História do Brasil para uma geração consciente,* autor: Gilberto Cotrim, editora: Saraiva, ano de publicação: 1988, edição: 7.ª; **9** - Título: *História da Sociedade Brasileira,* autor: Francisco Alencar; Lucia Carpi; Marcus Venício Ribeiro, editora: Ao Livro Técnico, ano de publicação: 1981, edição: 2.ª; **10** - Título: *História do Brasil – da Colônia a República,* autor: Elza Nadai, Joana Neves, editora: Saraiva, ano de publicação: 1986, edição: 9.ª.

duzir. As poucas inovações metodológicas apresentadas pelos livros didáticos são os estudos dirigidos, cruzadinhas, palavras-cruzadas e jogos rápidos, que pouco exigiam do aluno (Rocha, 2008, p. 132).

No segundo conjunto de livros didáticos, o autor analisou a presença do tema ditadura civil-militar ou regime militar como constituintes de capítulos dos manuais didáticos e usados nas escolas correspondentes ao período entre 1995 e 2005. O pesquisador identificou nos dez livros a existência de um capítulo em cada obra sobre o tema ditadura civil-militar. Os dez manuais totalizaram 5.033 páginas. Logo, de um conjunto de 245 páginas, ou seja, 4,86% tratavam da temática. O aumento na quantidade de páginas dos livros didáticos que abordam o tema ditadura civil-militar está relacionado com a mudança de regime político e o aumento das pesquisas sobre o tema ditadura civil-militar.

Rocha (2008) identificou que os capítulos dos livros receberam diferentes denominações, tais como: "regime militar", "regime autoritário", "o longo ciclo militar" e "anos de violência: ditadura militar". A expressão ditadura civil-militar não apareceu como título de capítulos de livros didáticos em nenhum dos grupos pesquisados.

O pesquisador percebeu que na primeira década da ditadura civil-militar (1964-1974) houve o predomínio da chamada historiografia positivista e que o ensino de História não foi um ensino de situações históricas. "O ensino ocorreu através de uma abordagem linear factual, não crítica, que privilegia a memorização de dados, fatos/acontecimentos, personagens ilustres, aspectos da vida militar, política e diplomática" (Rocha, 2008, p. 183).

Por sua vez, as concepções ideológicas e metodológicas do ensino de História presentes nos livros didáticos, analisados na pesquisa, produzidos entre os anos de 1995 e 2005, apresentaram mudanças relevantes em seus conteúdos curriculares. As modificações atenderam as exigências da legislação educacional infraconstitucional que foi sendo criada na década de 1990, como, por exemplo, o Estatuto da Criança e do Adolescente (ECA), Lei de Diretrizes e Bases da Educação Nacional (LDB), Parâmetros Curriculares Nacionais (PCN) e o Plano Nacional de Direitos Humanos (PNDH).

2.2 As narrativas históricas sobre a ditadura civil-militar em livros didáticos de História (2019)

Os pesquisadores Osvaldo Rodrigues Junior e Leticia Seba (2019) realizaram estudos em três coleções de livros didáticos de História aprovados pelo Programa Nacional do Livro Didático (PNLD)[24] em 2017. O trabalho de pesquisa teve como objetivo analisar as narrativas históricas acerca do golpe e da ditadura civil-militar no Brasil presentes nos livros didáticos de História. A partir do conhecimento produzido pelos pesquisadores Rodrigues Junior e Seba (2019), buscaremos compreender como o tema ditadura civil-militar se apresenta nos manuais didáticos.

As coleções analisadas pelos autores foram: História, Sociedade & Cidadania, de autoria de Alfredo Boulos Júnior, que foi publicada pela editora FTD em 2015; Araribá - História, publicado pela editora Moderna em 2015 e organizado pela editora Maria Raquel Apolinário; e Vontade de Saber – História, também publicada pela FTD em 2015, de autoria de Adriana Dias, Keila Grinberg e Marco Pellegrini.

Os livros pesquisados foram destinados a turmas do 9.º ano do ensino fundamental II, para serem utilizados por professores(as) e alunos(as) nas escolas. Os autores observaram que as coleções destinaram 22 (vinte e duas) páginas, em média, para o tema ditadura civil-militar, e ressaltam ser uma quantidade significativa tratando-se de livro didático.

Notamos que, nas coleções de livros didáticos de História analisadas por Rodrigues Junior e Seba (2019), a quantidade média de páginas destinadas ao tema ditadura civil-militar aumentou em comparação com a quantidade de páginas dos livros didáticos que foram analisados por Rocha (2008) no primeiro grupo (1967-1988), que tinha em média 7,7 páginas destinadas ao tema. Devemos levar em consideração o lapso temporal do fim do regime autoritário, a consolidação do regime de governo democrático, as novas pesquisas que foram desenvolvidas acerca do assunto ditadura produzindo novas teses e reformulando velhos conceitos. Tudo isso possibilitou a ampliação das narrativas a respeito do tema nos livros didáticos de História.

Quanto ao título dos capítulos, Rodrigues Junior e Seba (2019) mostram que nas três coleções o período em que o Brasil foi governado por presidentes militares (1964-1985) foi denominado como "Regime Militar" ou "Ditadura Militar". O termo "ditadura civil-militar" não aparece nestes livros como

---

[24] O Programa Nacional do Livro Didático (PNLD) foi criado por meio do Decreto n.º 91.542/1985.

títulos de capítulos. Portanto, não há um consenso historiográfico quando se trata de nomear esse período da história do Brasil. Logo, esse debate acadêmico e historiográfico acaba se refletindo nas titulações dos capítulos dos livros didáticos destinados ao ensino de História da educação básica.

Os pesquisadores Rodrigues Junior e Seba (2019) entendem que os três livros didáticos de História analisados seguem a concepção historiográfica de que o golpe de Estado ocorrido em 1964 foi um "golpe civil-militar". Segundo os autores, os livros narram que houve apoio de parte da sociedade civil (latifundiários, grandes industriais, banqueiros e parte da classe média) ao golpe e ao regime militar. Os pesquisadores argumentam que as narrativas apresentadas nas três coleções não apontam as Forças Armadas como protagonistas do golpe de Estado e da ditadura civil-militar. Vale ressaltar que os manuais do primeiro grupo de livros didáticos analisados por Rocha (2008), publicados entre 1967 e 1988, apresentavam as Forças Armadas como as verdadeiras protagonistas do golpe de Estado e da ditadura civil-militar.

No que diz respeito à questão da resistência à ditadura civil-militar, os pesquisadores observam que o tema é abordado nas obras analisadas de forma "vaga". Trata-se de eventos pontuais, como, por exemplo: a Passeata dos 100 mil (movimento popular ocorrido no Rio de Janeiro em 26 de junho de 1968, constituído de marcha em protesto contra a ditadura civil-militar), algumas ações lideradas pela União Nacional dos Estudantes (UNE) e narrativas genéricas acerca de alguns grupos de guerrilheiros. Desse modo, compreendemos que os movimentos de resistência (movimento estudantil, grupos de guerrilheiros, protestos de operários liderados pelos movimentos sindicais) deveriam ser mais discutidos nos livros didáticos, possibilitando uma visão diacrônica dos fatos.

O conceito de Doutrina de Segurança Nacional é apresentado nos livros como a base ideológica do governo militar. A partir dessa concepção, os autores tratam de subtemas como: censura, perseguições, exílios, prisões, torturas e desaparecimentos ocorridos durante a ditadura civil-militar. A expressão "porões da ditadura" aparece no livro Vontade de Saber – História (2015), fazendo uma analogia à repressão do Estado contra os opositores do regime.

Os autores Rodrigues Junior e Seba (2019) afirmam que há prevalência das narrativas tradicionais, políticas, acríticas e genéricas nos capítulos dos livros didáticos que discutem acerca da ditadura, e apontam o livro didático História, Sociedade & Cidadania (2015) como o que mais utiliza essa metodologia entre os livros analisados.

2.3 Conhecendo o livro didático de História adotado pela Escola Estadual Godofredo Cacho

O livro didático Vontade de Saber – História, dos autores Adriana Machado Dias[25], Keila Grinberg[26] e Marco César Pellegrini[27], produzido pela Quinteto Editorial/FTD, teve a sua primeira edição publicada em 2018. Os manuais estão divididos em 12 capítulos. Os livros dos professores(as) possuem 372 páginas e os manuais dos alunos(as) possuem 320 páginas. Essa versão foi destinada às escolas públicas, por meio do Programa Nacional do Livro Didático (PNLD). A coleção foi escolhida, por meio do Edital 2020 do PNLD, para ser utilizada pela Escola Estadual Godofredo Cacho durante o ciclo de quatro Anos Letivos (2020-2023).

A coleção é composta pelo Livro do Aluno, Manual do Professor e pelo Material Digital. Os livros do Aluno e do Professor apresentam em sua estrutura didático-pedagógica algumas características que são comuns, como a Apresentação, todos os capítulos dos livros são compostos por duas Páginas de Abertura e possuem quatro Páginas de Atividades. Os assuntos dos livros também são acompanhados de imagens, boxes auxiliares com indicação de bibliografia, vídeos e sites para pesquisas, assim como glossário.

A sequência dos conteúdos está organizada de acordo com critérios cronológicos. Além do texto principal, há seções não fixas inseridas nos capítulos: Explorando a Imagem; Leia o Texto; O Sujeito na História; Explorando o Tema; Encontro com...; Investigando na Prática; História em Construção; Enquanto Isso; Expandindo o Conteúdo; Passado e Presente; Discutindo a História; Atividades; e Refletindo sobre o Capítulo.

Por sua vez, o Manual do Professor foi organizado em duas partes. Na primeira, estão presentes as informações gerais sobre a coleção, a fundamentação teórico-metodológica e as relações com a BNCC. A segunda parte é composta por orientações localizadas nas laterais das páginas e por notas de rodapé que buscam auxiliar o trabalho docente em sala de aula.

---

[25] Adriana Machado Dias. Bacharela e licenciada em História pela Universidade Estadual de Londrina (UEL-PR). Especialista em História Social e em Ensino de História pela UEL-PR. Atuou como professora de História em escolas da rede particular de ensino. Autora de livros didáticos de História para o Ensino Fundamental e Ensino Médio.

[26] Keila Grinberg. Professora licenciada em História pela Universidade Federal Fluminense (UFF-RJ). Doutora em História Social pela UFF-RJ. Professora do Departamento de História da Universidade Federal do Estado do Rio de Janeiro (UNIRIO-RJ).

[27] Marco César Pellegrini. Bacharel e licenciado em História pela Universidade Estadual de Londrina (UEL-PR). Atuou como professor de História em escolas da rede particular de ensino. Editor de livros na área de ensino de História. Autor de livros didáticos de História para o ensino fundamental e ensino médio.

No que diz respeito ao Material Digital, foi organizado para auxiliar no desenvolvimento das atividades dos professores(as) em sala de aula. Trata-se de recursos que propiciam o desenvolvimento de objetos de conhecimento e habilidades em consonância com a BNCC (Brasil, 2018). O Material Digital é disponibilizado em DVD anexo aos Manuais dos Professores. O conteúdo constituinte desses dispositivos são planos de aulas com atividades, projetos integradores que auxiliam os(as) professores(as) no desenvolvimento de atividades com temas interdisciplinares, propostas de sequências didáticas, fichas de acompanhamento das aprendizagens dos discentes e material audiovisual.

Apresentada a estrutura da coleção didática de modo geral, passamos a analisar o conteúdo de História do Manual do Professor destinado ao 9.º ano do ensino fundamental II, com o objetivo de identificar em quais capítulos estavam presentes o tema histórico ditadura civil-militar.

A seguir disponibilizamos a imagem da capa do livro didático da coleção *Vontade de Saber – História* (2018).

Figura 1 – Capa do livro didático do 9.º ano da coleção *Vontade de Saber – História* (2018)

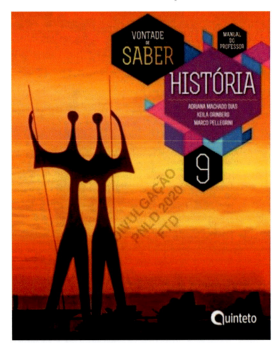

Fonte: Dias, Grinberg e Pellegrini (2018)

Na sequência destacamos os capítulos/unidades de análises que abordam esse assunto histórico.

Quadro 1 – Capítulos/unidades que tratam da ditadura civil-militar no livro didático selecionado

Livro	Capítulos/Unidades	Páginas
Vontade de Saber – História	10. O pós-guerra no Brasil: democracia e populismo	232-239
	11. A ditadura civil-militar no Brasil	242-269

Fonte: elaborado pelo autor

As narrativas históricas sobre a ditadura civil-militar encontram-se disponíveis no final do Capítulo 10 e integralmente no Capítulo 11 do livro. O capítulo 10 se intitula "O pós-guerra no Brasil: democracia e populismo" e discute desde o fim do Estado Novo com a deposição do presidente Getúlio Vargas em 1945 até o golpe civil-militar de 1964 realizado contra o governo de João Goulart. O capítulo possui 24 (vinte e quatro) páginas, contudo apenas 02 (duas) páginas trazem narrativas históricas acerca do governo de João Goulart e 03 (três) páginas discorrem sobre o tema ditadura civil-militar.

Por sua vez, o Capítulo 11, nomeado "A ditadura civil-militar no Brasil", possui 28 (vinte e oito) páginas que abordam o conteúdo histórico dos governos autoritários. A unidade discute o tema por meio de eixos ou indicadores temáticos, tratando dos acontecimentos sociais, econômicos e políticos do período entre 1964-1985. A página inicial do capítulo se apresenta com fontes históricas (02 fotografias) e dois parágrafos contendo texto e questões que buscam problematizar os conhecimentos prévios dos discentes, relacionando-os com os propósitos da unidade.

Figura 2 – Páginas de Abertura do Capítulo 11: A ditadura civil-militar no Brasil – livro didático do 9.º ano da coleção *Vontade de Saber – História* (2018)

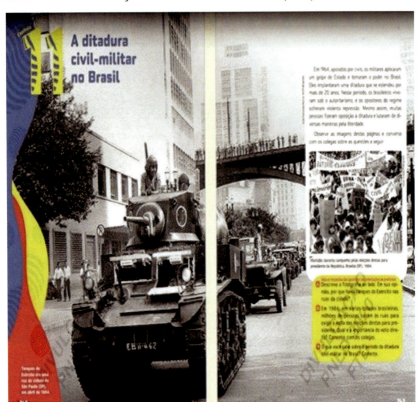

Fonte: Dias, Grinberg e Pellegrini (2018, p. 242-243)

2.3.1 Análise das narrativas históricas sobre a ditadura civil-militar no livro didático *Vontade de Saber – História* (2018)

Para a análise dos capítulos que tratam da temática ditadura civil-militar no Brasil, usamos as orientações propostas por Jörn Rüsen (2010) como critérios de avaliação de um bom livro didático. As instruções estão no capítulo nomeado "O livro didático ideal" da obra *Jörn Rüsen e o ensino de história*. Esse trabalho foi organizado, traduzido e publicado no Brasil por Schmidt, Martins e Barca (2010). Entre os fatores de avaliação optamos pelos critérios de identificação da existência de textos historiográficos; a observação da pluriperspectividade aos níveis dos afetados e dos observadores; reconhecer se os textos estão de acordo com as normas científicas, buscando perceber a existência da sincronia e diacronia temporal nas narrativas históricas e observar a pluralidade da experiência histórica no conteúdo dos capítulos pesquisados.

Foram realizadas leituras dos capítulos para identificar a presença de textos historiográficos. Logo, encontramos três trechos de textos, o primeiro e o segundo no Capítulo 10 e o terceiro fragmento textual no Capítulo 11. O extrato textual da página 234, com o título "Golpe militar ou civil-militar?", tem como referência o historiador Daniel Aarão Reis Filho. O segundo trecho textual historiográfico, na página 239, tem como referência a historiadora Ângela de Castro Gomes, intitulado "1964: o golpe que derrubou um presidente, pôs fim ao regime democrático e instituiu a ditadura no Brasil". O terceiro excerto de texto encontrado na página 261, tem como autor o historiador José Murilo de Carvalho, nomeado "Cidadania no Brasil: o longo caminho". Todavia, conforme Rüsen (2010, p. 121):

> [...] os textos historiográficos devem estar claramente diferenciados da documentação e da narrativa histórica dos autores dos livros didáticos. De nenhuma maneira os textos historiográficos devem servir exclusivamente para ilustrar a apresentação. Tampouco devem ser tão curtos de modo a não transmitir uma ideia real das circunstâncias da vida passada.

Nessa situação, observamos que os textos historiográficos eram curtos, continham apenas dois parágrafos cada e não mostravam clareza em suas ideias. Eles praticamente não se diferenciavam das narrativas históricas dos autores, servindo apenas de ilustração textual.

Outro critério recomendado por Rüsen (2010), a pluriperspectividade aos níveis dos afetados e do observador, considera que a experiência histórica deve apresentar-se aos alunos(as) a partir de múltiplas perspectivas sobre um mesmo evento histórico a serem comunicadas pelos afetados (pessoas que viveram os fatos e foram atingidos por ele) e observadores (pessoas que talvez não tenham vivenciado os fatos, nem foram atingidos por ele, mas os analisam criando narrativas).

Ao nível dos afetados, no Capítulo 11, página 249, na seção "O Sujeito na História", os autores utilizam um recorte biográfico de Tarso de Castro (1941-1991). Ele participou do Jornal *O Nacional*, foi editor do Jornal *O Pasquim,* e foi exilado político durante o regime autoritário no Brasil. Os autores do livro didático procuraram demonstrar a visão do afetado diante da ditadura civil-militar. Nesse caso, um jornalista é atingido pela censura.

Além disso, no Capítulo 11, página 256, a seção "O Sujeito na História" apresenta uma fração textual narrativa acerca de Manoel Fiel Filho (1927-1976), que era filiado ao Sindicato dos Metalúrgicos de São Paulo/SP e ao Partido Comunista Brasileiro (PCB) e foi vítima (preso, torturado e assassinado) da ditadura civil-militar.

Figura 3 – Seção "Sujeito na História" – Manoel Fiel Filho – livro didático do 9.º ano da coleção *Vontade de Saber – História* (2018)

Fonte: Dias, Grinberg e Pellegrini (2018, p. 256)

Ainda no mesmo capítulo, na página 259, na seção "O Sujeito na História", identificamos outro trecho textual narrativo-biográfico apresentado a partir da perspectiva dos afetados. Desta vez, Leonel de Moura Brizola (1922-2004), político brasileiro que ficou exilado no Uruguai e nos Estados Unidos da América (EUA) durante a ditadura civil-militar do Brasil.

Com relação à pluriperspectividade ao nível dos afetados identificamos no Capítulo 11, nas páginas 261 e 262, a presença de apenas um texto no formato de entrevista que apresenta uma perspectiva diferente do mesmo evento histórico (ditadura civil-militar). Os autores do livro didático intitularam o excerto textual de "Golpe ou Revolução?" e mostram uma entrevista, realizada em 1994, com o ex-presidente do Brasil entre 1974 e 1979, general Ernesto Geisel (1907-1996). O conteúdo tem como referência o livro intitulado de *Ernesto Geisel*, tendo como autores

Maria Celina D'Araújo e Celso Castro, publicado em 1997. Na entrevista concedida em 1994, Ernesto Geisel apresenta argumentos em defesa da necessidade da intervenção dos militares em 1964.

Com relação a pluriperspectividade ao nível do observador, não percebemos a existência de múltiplas perspectivas historiográficas sobre o evento histórico. Observamos, na grande maioria das vezes, a presença de narrativas que, por mais que contribuam com distintas circunstâncias do evento histórico, não demonstram essa multiperspectividade historiográfica.

No que diz respeito às normas científicas, foi possível perceber que o livro didático da coleção *Vontade de saber – História* (2018) adota a tese de que o golpe foi "civil-militar". Ao discutir a implantação dos governos militares, os autores do livro narram o apoio de uma parcela da população civil ao golpe e à ditadura. Desse modo, conseguimos observar nas narrativas existentes no livro didático, que o golpe civil-militar de 1964 não foi discutido como um movimento protagonizado apenas pelas Forças Armadas Brasileiras. Como ilustração do apoio de civis ao golpe de Estado, o livro didático destaca, como ilustração, uma fotografia que apresenta manifestantes com cartazes e faixas com mensagens contra o governo João Goulart, na Marcha da Família com Deus pela liberdade, ocorrida em Recife/PE em 1964, como podemos visualizar a seguir.

Figura 4 – O Golpe de 1964 – livro didático do 9.º ano da coleção *Vontade de Saber – História* (2018)

Fonte: Dias, Grinberg e Pellegrini (2018, p. 234)

A participação de civis e o apoio ao golpe e a ditadura são ressaltados no seguinte trecho do livro:

> Em 1964, apoiados por civis, os militares aplicaram um golpe de Estado e tomaram o poder no Brasil. Eles implantaram uma ditadura que se estendeu por mais de 20 anos. Nesse período, os brasileiros viveram sob o autoritarismo, e os opositores do regime sofreram violenta repressão. Mesmo assim, muitas pessoas fizeram oposição à ditadura e lutaram de diversas maneiras pela liberdade (Dias; Grinberg; Pellegrini; 2018, p. 243).

Logo, no que se refere aos discursos historiográficos e às normas científicas, constatamos uma diferença considerável entre as narrativas presentes no livro didático que analisamos, *Vontade de Saber – História* (2018), e os livros didáticos do primeiro grupo (1967-1988) que foram analisados pelo historiador Aristeu Castilhos da Rocha (2008). Enquanto as narrativas da coleção *Vontade de Saber – História* (2018) mostram civis e militares como protagonistas do golpe e da ditadura, os manuais analisados por Rocha (2008) apresentam as Forças Armadas Brasileiras como os verdadeiros protagonistas do golpe de Estado e da ditadura. Nessa mesma perspectiva incluem-se os livros didáticos do PNLD 2011 que foram analisados por Helenice Rocha (2017).

No livro didático da coleção *Vontade de Saber – História* (2018), os setores da população ou grupos sociais que apoiaram o golpe de Estado e a ditadura que aparecem na narrativa textual são definidos, como é percebido neste trecho:

> Os golpistas contavam com o apoio de uma parte da sociedade brasileira, formada por latifundiários, grandes industriais e banqueiros, além de parte da classe média. Esses grupos sentiam-se ameaçados pelos "agentes de Moscou", supostos comunistas que pretendiam transformar o Brasil em um país socialista (Dias; Grinberg; Pellegrini, 2018, p. 244).

Portanto, latifundiários, grandes industriais, banqueiros e parte da classe média, segundo os autores, apoiaram os militares no golpe e na ditadura. Assim, "após o golpe, a cúpula das Forças Armadas assumiu as funções de governo, contando com o auxílio de uma parcela da população civil, com a qual dividiu parte do poder e dos privilégios" (Dias; Grinberg; Pellegrini; 2018, p. 244).

Os autores afirmam em seus discursos narrativos que um dos principais fatores tidos para a deposição do presidente João Goulart foi o fato de o enxergarem como uma ameaça comunista. Desse modo, "a justificativa dos golpistas era a necessidade de garantir a ordem interna no país" (Dias; Grinberg; Pelegrini, 2018, p. 244).

Quanto às abordagens aos movimentos de resistência à ditadura civil-militar, o livro apresenta discussões resumidas sobre alguns temas por meio de seções, como "Encontro com... Arte". Nesse bloco, os autores apresentam o movimento popular de educação e cultura surgido na década de 1960, formado por grupos de estudantes, que ficou conhecido como Arte Engajada. Abordam a resistência cultural ocorrida no cinema com ênfase às canções de protesto, ao movimento do tropicalismo e ao rock nacional. Essa seção poderia ter sido relacionada pelos autores com o AI-5, pois ocorreram muitas manifestações artísticas após a publicação do decreto-lei pelo governo militar em 13 de dezembro de 1968.

Com relação ao movimento estudantil, o livro discute resumidamente a organização dos estudantes por meio da União Nacional dos Estudantes (UNE) e destaca o desempenho dos estudantes na resistência contra a ditadura com a formação de vários Centros de Cultura Popular (CCP). Após a publicação do Ato Institucional n.º 5, "em consequência da violenta repressão e perseguição aos seus líderes, o movimento se desestruturou e perdeu grande parte da sua capacidade de mobilização" (Dias; Grinberg; Pelegrini, 2018, p. 252). O livro exibe como fonte uma fotografia de uma manifestação denominada Passeata dos Cem Mil, ocorrida no Rio de Janeiro/RJ em 1968, organizada pelo Movimento Estudantil com a presença de milhares de pessoas fazendo uso de cartazes e faixas em protesto contra a ditadura civil-militar.

Figura 5 – O Movimento Estudantil – livro didático do 9.º ano da coleção *Vontade de Saber – História* (2018)

Manifestantes durante a Passeata dos Cem Mil, organizada pelo Movimento Estudantil após o assassinato de um estudante na cidade do Rio de Janeiro (RJ), 1968.

Fonte: Dias, Grinberg e Pellegrini (2018, p. 252)

Além do movimento estudantil, os autores do livro didático também realizam sínteses narrativas acerca de outros movimentos de resistência à ditadura civil-militar. Portanto, descrevem as resistências realizadas pelos indígenas, quilombolas e pelas organizações guerrilheiras como a Ação Libertadora Nacional (ALN), a Vanguarda Popular Revolucionária (VPR) e o Movimento Revolucionário 8 de Outubro (MR-8). Apesar de os autores apresentarem diversos eventos históricos que podemos considerar como elementos constituintes da pluriperspectividade aos níveis dos afetados, critério proposto por Rüsen (2010), entendemos que são narrativas curtas com poucas informações das organizações, destacando os acontecimentos ocorridos principalmente nas regiões Sudeste e Sul do Brasil. Dessa forma, o livro discute a resistência em uma perspectiva macro, deixando fora das narrativas históricas muitos acontecimentos históricos de outras regiões do país.

Observa-se a ausência de uma dimensão diacrônica, onde os discentes possam conhecer como ocorreram as ações realizadas pelos movimentos em diversos momentos da ditadura civil-militar. Além do mais, o movimento estudantil poderia ter sido discutido em uma conjuntura mais ampla, já que a atuação desse movimento foi muito presente em quase todas as mobilizações de resistência democrática.

Percebe-se a ausência de uma linha do tempo com os principais eventos ocorridos, em ordem cronológica, durante a ditadura civil-militar para que possibilite aos alunos uma visão diacrônica dos múltiplos acontecimentos históricos. Os autores iniciam o Capítulo 11 (Ditadura civil-militar no Brasil) do livro didático abordando a chegada dos militares ao poder por meio de um golpe de Estado ocorrido em 1964, destacando o apoio de grupos civis aos militares. Por sua vez, o texto marca como término da ditadura civil-militar a escolha do civil Tancredo de Almeida Neves (1910-1985) para presidente do Brasil pelo Colégio Eleitoral em 1985. Todavia, não apresenta a sucessão dos presidentes militares entre 1964 e 1985, impossibilitando uma visão diacrônica dos acontecimentos políticos ao longo do tempo.

O livro didático da coleção *Vontade de Saber – História* expõe como fonte histórica uma fotografia do presidente eleito indiretamente Tancredo de Almeida Neves (PMDB) ao lado do presidente da Câmara dos Deputados Federais, Ulysses Silveira Guimarães (PMDB), em 15 de janeiro de 1985, comemorando a vitória na eleição. Todavia, Tancredo de Almeida

Neves não assumiu o cargo presidencial. Ele adoeceu e veio a falecer no dia 21 de abril de 1985. Assumiu o cargo o vice-presidente José Sarney de Araújo Costa.

Figura 6 – Eleições indiretas de Tancredo Neves – livro didático do 9.º ano da coleção *Vontade de Saber – História* (2018)

Fonte: Dias, Grinberg e Pellegrini (2018, p. 259)

Observamos que o texto narrativo apresenta a pluralidade da experiência histórica e o ponto de vista sincrônico proposto por Rüsen (2010). Os autores iniciam a discussão do tema pela implantação da ditadura, posteriormente abordam as medidas autoritárias que foram tomadas pelo governo militar para ter o controle sobre a população e centralizar as decisões políticas. Desse modo, o texto apresenta os Atos Institucionais, dando destaque para o AI-2, ato que extinguiu todos os partidos e instaurou o bipartidarismo, e ao AI-5, porém de forma superficial.

Na sequência, os autores abordam a Doutrina de Segurança Nacional, que definem como a "base ideológica da política autoritária" instituída pelos militares. Posteriormente, os autores fazem uma relação dessa doutrina com a repressão, a censura, as perseguições, as prisões arbitrárias e violentas, tortura e os exílios políticos ocorridos na ditadura civil-militar.

Na sequência exibem um fragmento textual com o título "Tortura: uma estratégia para coibir os adversários do regime militar", da historiadora Sandra Maria Castanho.

Na continuidade os autores apresentam uma fotografia que mostra ossadas humanas que foram encontradas em uma vala clandestina no Cemitério de Perus, em São Paulo, de mortos e desaparecidos políticos. A seguir, reproduzimos a fotografia exibida no livro didático.

Figura 7 – Ossadas encontradas em cemitério clandestino em São Paulo/SP – livro didático do 9.º ano da coleção *Vontade de Saber – História* (2018)

Fotografia de ossada encontrada em cemitério clandestino na cidade de São Paulo (SP), 1990. Nesse cemitério foram enterrados dezenas de presos políticos executados durante a ditadura.

Fonte: Dias, Grinberg e Pellegrini (2018, p. 247)

A vala clandestina encontrada no Cemitério de Perus está localizada no extremo norte da capital paulista, no bairro de Perus, próximo a cidade de Caieiras. Conta com 254.000 m², é um dos maiores cemitérios da cidade. Também conhecido como Cemitério Dom Bosco. A "vala" foi aberta em 4 de setembro de 1990 (Centro de Documentação e Memória da Unesp, 2021). Assim, complementam que nesse cemitério foram enterrados dezenas de presos políticos executados durante a ditadura. Desse modo, a pluriperspectividade aos níveis dos afetados proposta por Rüsen (2010) está presente nas narrativas históricas do livro.

Também identificamos que as narrativas historiográficas não prevalecem apenas no campo político da experiência, elas abordam aspectos sociais, culturais e econômicos. Na perspectiva diacrônica, que é compreendida no "nível temporal de mudanças, por um lado, e mudanças de curto prazo ao nível dos acontecimentos, por outro, compreende-se que ambos os níveis diacrônicos estão inter-relacionados" (Rüsen, 2010, p. 121). As descrições narrativas tradicionais presentes no livro não permitem constatar a dimensão processual diacrônica da História. Os autores descrevem acontecimentos históricos do passado sem fazer relação com as questões do presente, como: democracia, direito humanos, memória, verdade e justiça.

Percebemos que os autores produzem narrativas descrevendo o conteúdo e os resultados da experiência histórica, sem problematizar criticamente os fatos ou fazer uma relação com os acontecimentos da atualidade. Logo, podemos mostrar como exemplo o texto narrativo que aborda o Ato Institucional n.º 5:

> O AI-5 foi uma das medidas mais duras do período e concedeu plenos poderes ao presidente, que fechou o Congresso Nacional, as Assembleias Nacionais e as Câmaras de Vereadores. Além disso, o presidente podia cassar mandatos e nomear interventores (Dias; Grinberg; Pellegrini, 2018, p. 245).

No campo econômico, as narrativas apresentam resumidamente as medidas econômicas adotadas pelos governos da ditadura fundamentadas na entrada de capitais estrangeiros por meio de empréstimos para construção de grandes obras de infraestrutura e instalações de indústrias no Brasil. Apresenta que a entrada de capitais estrangeiros no país gerou o "milagre econômico brasileiro". Posteriormente, aborda a crise internacional do petróleo, a desvalorização da moeda brasileira em consequência da inflação e o aumento nos juros da dívida externa. Na pluriperspectividade ao nível dos afetados proposta por Rüsen (2010), não identificamos nenhum documento historiográfico ou depoimento por meio de entrevista que discutisse a questão econômica.

Por meio da análise, notamos o aumento na quantidade de páginas dos capítulos que discutem o tema ditadura civil-militar, nesta coleção de livros didáticos *Vontade de Saber – História* para o 9.º ano do ensino fundamental II, totalizando 28 páginas. Assim como verificamos a presença de três trechos de textos historiográficos, sendo 02 (dois) no Capítulo 10 e 01 (um) no Capítulo 11.

Por sua vez, no critério de pluriperspectividade ao nível dos afetados, observamos a presença de várias produções artísticas e histórias de vida com relatos de exílio político, prisões e tortura de pessoas que viveram no período e foram atingidas pela ditadura civil-militar.

Por conseguinte, percebemos renovação historiográfica com o uso do conceito ditadura civil-militar, tendo como referência os postulados historiográficos do historiador Daniel Aarão Reis Filho (2014), citado na página 235 do livro didático. Desse modo, inferimos que houve avanços na produção didática acerca da ditadura civil-militar de 2011 para 2018, com base na pesquisa realizada por Rocha (2017).

Todavia, os livros didáticos ainda necessitam apresentar maior pluriperspectividade ao nível do observador. Logo, constatamos poucos textos de diferentes perspectivas historiográficas acerca do evento histórico. No que tange à pluralidade da experiência, as narrativas ainda mostram relevância fundamental nas histórias políticas com exaltação de personagens considerados "importantes".

O livro didático analisado direciona suas narrativas históricas numa perspectiva tradicional com ênfase nos elementos políticos, ignorando as múltiplas experiências e produzindo histórias "sem sujeitos". De modo geral, as narrativas do manual ainda destacam, como protagonistas do golpe e da ditadura, os militares, grupos empresariais e a classe média. Assim, observamos que essas categorias grupais que ainda aparecem nas narrativas históricas (como as apresentadas no livro didático) contribuem para que tenhamos na historiografia fatos históricos realizados por personagens sem nome, ou seja, sujeitos genéricos.

Não obstante, consideramos, na nossa análise, que os autores realizaram um bom exercício de discussão acerca do tema ditadura civil-militar no Capítulo 11, intitulado "A ditadura civil-militar no Brasil". Posto isso, mais uma vez, reforça-se a nossa ideia de que a sequência didática se constitui como um instrumento interessante e complementar ao conteúdo dos manuais de História. Esses livros deixam de discutir o conteúdo da história local, tendo em vista a impossibilidade de dar conta de todo o conhecimento.

Portanto, compreendemos que a ditadura civil-militar deve continuar sendo narrada nos livros didáticos para ensinar às gerações futuras a história política, social, econômica e cultural do Brasil e proporcionar o fortalecimento da democracia.

2.4 Os movimentos sociais e a luta por memória, verdade, justiça e democracia

Na década de 1980 ocorreu a redemocratização do Brasil com intensas mobilizações sociais. Logo, foi nesse ínterim que a sociedade civil organizada, formada por grupos de Direitos Humanos, partidos políticos, associações de parentes de vítimas da ditadura civil-militar, passou a lutar pelo direito à memória, à verdade e à justiça. Assim, os afetados pelo evento histórico pleitearam o reconhecimento e reparação financeira por parte do Estado brasileiro.

Foi nesse contexto de discussões que no dia 15 de julho de 1985 foi divulgado um relatório e livro denominado *Brasil: Nunca Mais*, desenvolvido pela Comissão de Justiça e Paz formada entre os anos de 1979 e 1985 e liderada por Dom Paulo Evaristo Arns (1921-2016), arcebispo de São Paulo. O trabalho trouxe para a sociedade importantes resultados sobre a repressão ocorrida na ditadura civil-militar.

Na década seguinte, o ex-presidente da República Fernando Henrique Cardoso, por meio da Lei n.º 9.140/1995, criou a Comissão Especial sobre Mortos e Desaparecidos (CEMDP). A CEMDP foi criada com a finalidade de proceder ao reconhecimento de pessoas mortas ou desaparecidas durante a ditadura civil-militar e emitir parecer sobre os requerimentos relativos às indenizações que fossem formulados por seus familiares.

Em 2007, a CEMDP publicou o livro denominado *Direito à Memória e a Verdade* com o objetivo de realçar a memória, a verdade e a justiça sobre os mortos e desaparecidos durante o período da ditadura civil-militar. O livro foi o resultado do trabalho realizado pela CEMDP durante 11 (onze) anos. Ele apresenta a história de 479 pessoas que foram vítimas da ditadura civil-militar no Brasil entre os anos de 1961 e 1988.

A CEMDP foi extinta, no penúltimo dia do governo do presidente Jair Messias Bolsonaro (2019-2022), em 30 de dezembro de 2022 (Pereira, 2022). Essa ação do governo prejudicou o trabalho de identificação dos restos mortais de desaparecidos políticos da ditadura civil-militar que estava sendo desenvolvido pela CEMDP. Assim, dezenas de famílias, instituições ligadas aos Direitos Humanos de todo o Brasil e órgãos internacionais passaram a pressionar o novo governo (iniciado em 2023) do presidente Luiz Inácio Lula da Silva para realizar a reabertura da Comissão.

Após um ano e seis meses do ato de extinção da CEMDP, e seguindo a recomendação do Ministério Público Federal (MPF), o presidente Luiz Inácio Lula da Silva decretou, em 4 de julho de 2024, a reabertura da Comissão Especial sobre Mortos e Desaparecidos Políticos. A comissão foi vinculada ao Ministério dos Direitos Humanos e da Cidadania (Queiroz, 2024). O grupo tem, entre outros objetivos, identificar mortos e localizar possíveis vítimas desaparecidas da ditadura civil-militar.

De acordo com o entendimento do MPF, houve a necessidade de reativar a comissão pelo fato de existirem casos de violações de Direitos Humanos sem a devida conclusão no país. A CEMDP dispõe, como aliado neste trabalho, do Conselho Nacional de Justiça (CNJ), que auxiliará nas análises e correções dos certificados de óbito de vítimas da ditadura civil-militar. Por conseguinte, dia 30 de agosto de 2024, em Brasília, foi oficializada a retomada dos trabalhos da Comissão Especial sobre Mortos e Desaparecidos Políticos, pelo então ministro, Sílvio Almeida.

A reinstalação da CEMDP é um marco fundamental na contínua luta por memória verdade e justiça no nosso país. Um momento histórico de enfrentamento de um passado com graves violações de Direitos Humanos. Assim, fortalece a busca por justiça e por reparação das famílias que ainda sofrem com a falta de respostas sobre seus entes, por parte do Estado brasileiro.

Desse modo, observamos que o tema ditadura civil-militar é um assunto político do Tempo Presente, pois muitas questões ainda precisam ser resolvidas, principalmente no que diz respeito à memória. Tendo em vista que a sociedade brasileira atual não viveu a ditadura civil-militar brasileira, e parte significativa da população não conhece a história política do período em discussão, discutir a memória dos fatos ocorridos na ditadura civil-militar é o principal recurso para se combater a ignorância, o esquecimento e o negacionismo existente na sociedade atual.

Outro importante projeto que possibilitou muitas informações à sociedade acerca da ditadura civil-militar foi o *Memórias Reveladas*, do Arquivo Nacional, criado em 13 de maio de 2009 pela Casa Civil da Presidência da República do Brasil. O acervo reúne milhares de documentos relacionados à repressão política no período entre 1964 e 1985. O material pode ser pesquisado por qualquer pessoa pelo sítio na internet[28], o acesso aos testemunhos documentais tem possibilitado o desenvolvimento de muitas pesquisas sobre a ditadura civil-militar.

---

[28] Ver mais em: BRASIL. Arquivo Nacional. Memórias Reveladas. Disponível em: https://www.gov.br/memoriasreveladas/pt-br. Acesso em: 11 jan. 2024.

Em 2009 foi fundado em São Paulo/SP o *Memorial da Resistência*[29], que possui um grande acervo bibliográfico digital acerca da ditadura civil-militar que pode ser consultado pelo público. A instituição também oferta eventos como palestras, oficinas e exposições na área da educação.

Posteriormente, no governo da presidente Dilma Vana Rousseff (2011-2016), foi sancionada a Lei n.º 12.528/2011, que criou a Comissão Nacional da Verdade (CNV) com a finalidade de examinar e esclarecer graves violações de Direitos Humanos praticadas entre 1946 e 1988. A sociedade civil organizada (vítimas e familiares de mortos e desaparecidos, entidades estudantis, grupos de Direitos Humanos e a Ordem dos Advogados do Brasil) teve um importante papel na criação dessa comissão.

A CNV começou a atuar em maio de 2012 e teve o seu término com a entrega do Relatório Final à presidente da República, em 10 de dezembro de 2014, Dia Internacional dos Direitos Humanos, em uma cerimônia em Brasília. O relatório possui cerca de 4.300 páginas, dividido em três volumes[30] contendo a descrição do trabalho realizado, a apresentação dos fatos examinados, as conclusões e as recomendações.

A CNV foi criada para dar uma resposta à sociedade civil brasileira e aos órgãos internacionais que cobravam uma resposta oficial do Estado brasileiro sobre os crimes cometidos durante a ditadura civil-militar. Quase três décadas após o término da ditadura civil-militar foi dada uma resposta tardia por meio da CNV, que procurou fazer valer a verdade sobre os fatos e atender, dentro de suas limitações, os anseios da sociedade por memória, verdade e justiça. Todavia, apesar do avanço nessas questões discutidas, não houve uma reconciliação nacional, pois a resposta de mui-

---

[29] O acervo do Memorial da Resistência preserva memórias da repressão e da resistência políticas, do período republicano no Brasil, por meio de testemunhos audiovisuais de ex-presos, perseguidos políticos, familiares de mortos e desaparecidos e militantes de movimentos sociais. Além de contar com um vasto banco de referências bibliográficas e iconográficas sobre lugares da memória e direitos humanos. Memorial da Resistência de São Paulo. Disponível em: https://memorialdaresistenciasp.org.br/. Acesso em: 25 jan. 2024.

[30] O volume I apresenta o processo de criação da Comissão Nacional da Verdade. Também discute acerca das estruturas do Estado e das graves violações de direitos humanos ocorridas no Brasil entre 1946 e 1988. O volume II, apresenta Textos Temáticos. Nestes são descritas as violações de direitos humanos que ocorreram em diferentes segmentos da sociedade, exemplo: militares, aos trabalhadores camponeses, aos povos indígenas, nas igrejas Cristãs e nas Universidades. Assim como, apresenta dados sobre a Ditadura civil-militar e da homossexualidade. Apresenta informações acerca de civis que colaboraram com a ditadura e sobre a resistência da sociedade civil às violações de direitos humanos. O volume III, trata dos Mortos e Desaparecidos Políticos entre 1946 e 1988. São contadas as histórias de 434 pessoas com dados, biografia, circunstâncias da morte, considerações sobre o caso e a identificação da autoria dos crimes (CNV, 2014).

tas situações foi incompleta, precisando ser discutida, principalmente no que diz respeito à justiça. Mas é notória a vasta documentação produzida que precisa ser apropriada por nós historiadores/pesquisadores.

No Rio Grande do Norte algumas entidades e comissões se formaram durante a década de 1990 e após o ano 2000 e passaram a unir esforços na busca pelo reconhecimento da memória de potiguares que foram vítimas da ditadura civil-militar. Entre os mais importantes projetos destaca-se o *RN, Nunca Mais – Memorial Online Potiguar*, que está presente no sítio da DHnet, que tem como finalidade contribuir para a formação de uma memória coletiva que valorize a democracia e os Direitos Humanos. De acordo com Medeiros (2021), as informações contidas no memorial tiveram a cooperação:

> [...] do Comitê Estadual pela Verdade, Memória e Justiça Rio Grande do Norte, da Comissão Nacional da Verdade, Comissão da Verdade da Universidade do Rio Grande do Norte (UFRN), Comissão da Verdade Ordem dos Advogados/ Rio Grande do Norte (RN) e Centro de Direitos Humanos e Memória Popular (CDHMP).

O sítio DHnet foi criado em 1 de maio de 1995, tendo o ativista em Direitos Humanos Roberto de Oliveira Monte como um dos idealizadores do projeto. Ele atualmente é coordenador do Centro de Direitos Humanos e Memória Popular. Assim, de acordo com Medeiros (2021), a página web do memorial é um espaço virtual construído pelo Centro de Direitos Humanos e Memória Popular (CDHMP) e pelo Centro de Estudos, Pesquisa e Ação Cultural (Cenarte).

Entre as diversas seções presentes no memorial on-line, destacamos uma denominada "ABC dos Mortos e Desaparecidos Políticos do Rio Grande do Norte". O ambiente apresenta, em ordem aleatória e com biografias/ fontes, uma relação de 12 nomes de pessoas[31] norte-rio-grandenses que foram afetadas com violação de Direitos Humanos pelo evento histórico ditadura civil-militar. Entre os listados encontra-se o nome do caiçaren-se-do-norte Emmanuel Bezerra dos Santos.

O grupo de ativistas em Direitos Humanos no Rio Grande do Norte tem buscado divulgar o trabalho desenvolvido e levar o conhecimento acerca da memória para um maior número de pessoas. Nesse sentido, foi

---

[31] Anatália de Souza Alves de Melo; Djalma Maranhão; Édson Neves Quaresma; Emmanuel Bezerra dos Santos; Gerardo Magela Fernandes Torres da Costa; Hiram de Lima Pereira; José Silton Pinheiro; Lígia Maria Salgado Nóbrega; Luíz Ignácio Maranhão Filho; Luís Pinheiro; Virgílio Gomes da Silva e Zoé Lucas de Brito. *Mortos e Desaparecidos Políticos do RN.* Disponível em: https://www.dhnet.org.br/dados/dossiers/dh/br/dossie64/rn/index.html. Acesso em: 26 jan. 2024.

criado mais recentemente o projeto da Pós TV DHnet. Trata-se da criação de um canal no YouTube nomeado *Acervos DHnet Direitos Humanos*[32], que tem a finalidade de reproduzir e divulgar filmagens de eventos como entrevistas, palestras e cerimônias feitas pelo CDHMP. Entre os mais diversos vídeos/documentários publicados, estão os que tratam das memórias de Emmanuel Bezerra dos Santos.

O Governo do Estado do Rio Grande do Norte, nos últimos anos, vem atendendo as reivindicações dos familiares de mortos e desaparecidos políticos, integrantes dos movimentos sociais e membros dos Direitos Humanos do Estado. O acolhimento mais recente concerne ao atendimento de uma demanda do Plano Plurianual Participativo de 2023. O governo potiguar criou, por meio do Decreto Estadual de n.º 33.292, de 27 de dezembro de 2023, o Comitê Estadual da Memória, Verdade e Justiça do Rio Grande do Norte (CEV/RN). De acordo com o decreto, o órgão está vinculado à Secretaria de Estado das Mulheres, da Juventude, da Igualdade Racial e dos Direitos Humanos (SEMJIDH).

Os integrantes do CEV/RN tomaram posse em uma cerimônia ocorrida na sede da Governadoria do Estado no dia 7 de maio de 2024. O Comitê se constitui como um colegiado permanente, de caráter consultivo e propositivo, que tem a finalidade de colaborar com a formulação e execução da Política Estadual de Verdade, Memória e Justiça. Portanto, entre outras funções, compete à CEV/RN examinar e esclarecer as graves violações de Direitos Humanos praticadas no estado do Rio Grande do Norte no período de 18 de setembro de 1946 a 5 de outubro de 1988, bem como acompanhar e estimular o cumprimento das suas recomendações.

O Rio Grande do Norte no ano de 2024 foi palco de intensos debates sobre a temática direito à memória, à verdade e à justiça. Em diversos locais, como a Assembleia Legislativa, Câmara Municipal de Natal, Universidade Federal do Rio Grande do Norte e na Pinacoteca do Estado, foram discutidos temas como *os sessenta anos do golpe civil-militar* e *os quarenta e cinco anos da Lei de Anistia*. Os diálogos tiveram como finalidade o fortalecimento das discussões sobre Direitos Humanos e resgate à memória da ditadura civil-militar, sobretudo no Rio Grande do Norte.

Logo, debater os fatos ocorridos no passado é essencial para entendermos os acontecimentos políticos do nosso presente, fazermos os enfrentamentos das dificuldades políticas atuais e planejarmos um futuro

---

[32] Pós-TV DHnet Direitos Humanos. Disponível em: https://www.youtube.com/TVDHnetDireitosHumanos. Acesso em: 25 fev. 2024.

democrático para o país. Portanto, compreendemos que as pautas da memória, verdade e justiça são temas importantes e urgentes da contemporaneidade brasileira.

2.5 Memória simbólica e reparação histórica na UFRN: caso Emmanuel Bezerra dos Santos

No dia 1 de abril de 2024, foram rememorados os 60 anos do início da ditadura civil-militar brasileira (1964-1985). Neste dia de efeméride, estudantes, servidores e ativistas dos Direitos Humanos protocolaram, na Reitoria da Universidade Federal do Rio Grande do Norte (UFRN), um pedido de rematrícula e posterior diplomação *post mortem* a Emmanuel Bezerra dos Santos. Ele foi aluno da Faculdade de Sociologia e Política da UFRN, em 1968, e teve os estudos interrompidos ao ser preso pela ditadura civil-militar.

Durante o mês de março de 2024, docentes ativos do Departamento de Antropologia e Ciências Sociais da UFRN realizaram 01 (um) abaixo-assinado que recebeu mais de 200 (duzentas) assinaturas de professores(as) da instituição. Por sua vez, estudantes ativos do Centro Acadêmico de Ciências Sociais da UFRN, também realizaram outro abaixo-assinado com discentes da Universidade. Os documentos tiveram o mesmo objetivo, a saber: pedido de reparação histórica com a rematrícula simbólica no Curso de Ciências Sociais e diplomação acadêmica pós-morte de Emmanuel Bezerra dos Santos.

Nesse sentido, salientamos que, entre 2012 e 2015, foi criada a Comissão da Verdade da Universidade Federal do Rio Grande do Norte, com base na Lei Federal n.º 12.528/2011. Os trabalhos da comissão tiveram como objetivo buscar subsídios esclarecedores de possíveis violações de Direitos Humanos ocorridas no âmbito da UFRN, em seus três segmentos: docentes, discentes e servidores técnico-administrativos. Desse modo, objetivou-se efetivar o direito à memória e à verdade histórica em âmbito da Universidade Federal do Rio Grande do Norte.

O pedido de rematrícula e posterior diplomação *post mortem* realizado pela comunidade acadêmica possui como referência legal as Recomendações Gerais do Relatório da Comissão da Verdade da UFRN (2015), como podemos observar no que segue:

> Fazer o reconhecimento simbólico e público da violação aos direitos humanos contra membros da UFRN; e homenagear, com as cautelas estatutárias, os professores e alunos

assassinados e, de alguma forma, vilipendiados pelo regime discricionário, consoante já registrados neste Relatório com a colocação dos seus nomes em memoriais e logradouros das unidades pertencentes a UFRN e espaços da administração universitária em cerimônia oficial; criação de obras ou painel artístico em que se registre os reflexos do regime de exceção nas atividades acadêmicas e administrativas, mediante abertura de Concurso Público destinado aos artistas plásticos da própria universidade.

Assim, o requerimento realizado por professores(as), alunos(as) e ativistas dos Direitos Humanos tem a finalidade de cobrar da Universidade Federal do Rio Grande do Norte para que se cumpram as recomendações realizadas pela Comissão da Verdade da UFRN (2015).

No dia 6 de dezembro de 2024, a Universidade Federal do Rio Grande do Norte diplomou simbolicamente dois ex-estudantes, Emmanuel Bezerra dos Santos e José Silton Pinheiro (1949-1972). A solenidade ocorreu no auditório da reitoria da UFRN e teve a presença de familiares, estudantes, professores e representantes da sociedade civil organizada.

A mobilização realizada pela comunidade acadêmica da UFRN em defesa da diplomação pós-morte de Emmanuel Bezerra dos Santos e José Silton Pinheiro foi uma conquista importante para os grupos sociais que lutam por direito à memória, à verdade e à justiça. O ato solene cumpriu recomendações da Comissão Nacional da Verdade, criada pela Lei n.º 12.528/2012, que teve como finalidade lançar luz sobre fatos que permaneciam obscuros na história do nosso país.

A Comissão da Verdade da UFRN (2015), durante o desenvolvimento de seus trabalhos, ouviu muitos depoimentos de ex-alunos(as) e ex-servidores(as) da universidade que frequentavam a instituição durante a ditadura civil-militar. Além disso, fez um levantamento dos documentos produzidos durante a ditadura civil-militar na instituição. O intuito da pesquisa foi encontrar possíveis registros de violações de direitos humanos e liberdades individuais ocorridos no âmbito da universidade, em seus três segmentos: docentes, discentes e servidores técnicos-administrativos entre os anos de 1964 e 1988.

A CV da UFRN (2015) teve muitas dificuldades em encontrar documentos, pois um dos principais acervos documentais produzidos pela Assessoria de Segurança e Informação (ASI) não estava arquivado na universidade. Assim, é importante destacar que nas instituições federais de ensino superior havia a presença de órgãos que tinham como propósito a vigilância, monitoramento e controle político-social das comunidades acadêmicas, as chamadas Assessorias de Segurança e Informação (ASI). Essas instituições foram extintas em 1990 pelo presidente Fernando Collor de Melo.

O relatório da Comissão da Verdade da UFRN (2015) foi apresentado no dia 14 de setembro de 2015, no auditório da Reitoria da UFRN, e resultou em uma obra com 490 (quatrocentas e noventa) páginas. O documento servirá como fonte de informação e pesquisa para essa e as próximas gerações que efetivam o direito à memória e a verdade histórica da Universidade Federal do Rio Grande do Norte.

Então, os fatos trágicos ocorridos na ditadura civil-militar, que trouxeram sofrimento a milhares de brasileiros, devem ser lembrados e socializados pela história. Sobretudo os casos de violações de Direitos Humanos ocorridos no âmbito das universidades públicas, como, por exemplo, a Universidade Federal do Rio Grande do Norte. O reconhecimento oficial da UFRN, no caso Emmanuel Bezerra dos Santos e José Silton Pinheiro, é uma reparação devida aos familiares, amigos, ativistas dos Direitos Humanos e à sociedade civil. Esse tipo de reconhecimento público é importante para que possamos cada vez mais fortalecer a memória histórica, o respeito aos Direitos Humanos e a democracia, evitando novos regimes autoritários em nosso país.

DITADURA CIVIL-MILITAR: O ENSINO DE HISTÓRIA A PARTIR DAS NARRATIVAS QUE FORAM CONSTRUÍDAS ACERCA DE EMMANUEL BEZERRA DOS SANTOS

Ao contarmos fatos da história de uma pessoa, estamos fazendo recortes importantes para entendermos um contexto histórico mais amplo. Logo, uma pessoa é um ser único, e jamais será encontrado outro igual. Com sua integralidade, com seus feitos e conquistas subjetivas, realizações marcantes podendo contribuir para mudanças sociais. Assim, compreender a história de indivíduos por meio do ensino de História nos ajuda a entender a sociedade e o mundo em que vivemos.

Neste capítulo vamos apresentar os principais acontecimentos de que temos conhecimento acerca da trajetória de vida (infância, adolescência e fase adulta) de Emmanuel Bezerra dos Santos. Assim, daremos ênfase na discussão sobre a participação do jovem líder comunista no movimento estudantil e sua atuação no Partido Comunista Revolucionário (PCR). Para isso, utilizaremos como principais referências o relatório da CNV (2014), o livro *Emmanuel vida & morte* (1992) e a dissertação de mestrado em Ciências Sociais de Geane Fialho Canuto, intitulada *O PCR (Partido Comunista Revolucionário) e a luta contra a ditadura militar (1966-1974)*.

Abordaremos o contexto da morte de Emmanuel Bezerra dos Santos, durante a ditadura civil-militar. Igualmente, iremos mostrar o contexto do pós-morte de Emmanuel Bezerra dos Santos, com destaque para o traslado dos restos mortais dele de São Paulo para o Rio Grande do Norte e toda repercussão social que o caso teve. Além disso, mostraremos que, a partir de 1990, grupos sociais passaram a institucionalizar a memória de Emmanuel Bezerra dos Santos no Rio Grande do Norte.

Vamos dialogar sobre vários eventos que foram realizados no Rio Grande do Norte em 2023, com a finalidade de rememorar os 50 anos da morte de Emmanuel Bezerra dos Santos. A morte do norte-rio-grandense ocorreu no dia 4 de setembro de 1973, durante a ditadura civil-militar.

Portanto, diversas classes sociais participaram das atividades, tais como: ativistas dos Direitos Humanos, partidos políticos, movimentos sociais, sindicatos e escolas.

3.1 A trajetória de Emmanuel Bezerra dos Santos: de Caiçara para o Brasil

> *Bem-vindo Emmanuel, nossos corações lhe acolhem, nós lhe*
> *agradecemos por ter sido o que foi, por ter vivido obstinadamente*
> *em busca de justiça, por ter pagado com a vida o preço de nossa*
> *liberdade, a você todas as honras, todos os méritos, todo nosso*
> *orgulho, nossa afeição e nossos eternos agradecimentos.*
> *(Josivan Ribeiro do Monte, 1992)*

Emmanuel Bezerra dos Santos, filho de Luís Elias dos Santos e Joana Elias Bezerra, nasceu em 17 de junho de 1947, em um povoado de pescadores conhecido por Caiçara, na época, distrito de São Bento do Norte/RN. Emmanuel Bezerra dos Santos, quando criança, teve uma vida simples, seus pais eram pescadores artesanais e dessa atividade tiravam o sustento da família. Apesar das dificuldades, a Sra. Joana Elias Bezerra mantinha uma vida política importante na cidade de São Bento do Norte/RN, sendo eleita algumas vezes vereadora do município.

Emmanuel Bezerra dos Santos iniciou seus estudos na Escola Isolada, em São Bento do Norte/RN, onde fez o curso primário (hoje correspondente ao ensino fundamental I). O município de São Bento do Norte na década de 1950 era uma cidade pequena do interior do Rio Grande do Norte, que tinha como principais atividades econômicas a pesca artesanal e a agropecuária. Portanto, o município não ofertava aos jovens a oportunidade de desenvolver seus estudos e profissionalizar-se para o mercado de trabalho. Dessa forma, sonhando com um futuro melhor para si e para a sua família, em 1961, Emmanuel Bezerra dos Santos migrou de São Bento do Norte/RN para Natal/RN. Sem condições financeiras para se manter na capital do Estado, passou a residir na Casa do Estudante[33],

---

[33] A Casa do Estudante é uma instituição de apoio aos estudantes do Estado do Rio Grande do Norte. O prédio está localizado na Praça Coronel Lins Caldas, nº 670, Natal/RN. O imóvel foi construído no ano de 1856, tendo funcionado como Hospital de Caridade de Natal até 1910. Posteriormente, passou a funcionar como a Escola de Aprendizes Artífices até 1914. Logo, após essa data passou a ser o Quartel da Polícia Militar do Rio Grande do Norte até 1953. Em 1935, o Quartel foi alvo de tiros deflagrados pelos membros da Intentona Comunista. Por sua vez, já em 1956 começou a funcionar como a Casa do Estudante que durante a ditadura civil-militar funcionava como a base de resistência do regime autoritário, sendo várias vezes invadida por policiais da

continuando seus estudos secundários no Colégio Estadual do Atheneu Norte-Riograndense até o ano de 1966. A seguir, dispomos a fotografia do jovem Emmanuel, da década de 1960, em Natal/RN.

Figura 8 – Emmanuel Bezerra dos Santos

Fonte: Jornal *A Verdade* (Emmanuel [...], 2019)

O cientista social José Willington Germano descreve, no livro *Emmanuel Vida & Morte* (1992, p. 19), suas lembranças acerca das características físicas do jovem Emmanuel Bezerra dos Santos na década de 1960 como

---

Delegacia de Ordem Pública e Social-DOPS. O prédio foi tombado como parte do Patrimônio Arquitetônico em Natal em 1993. No ano de 2019 o Governo do Estado do RN rebatizou o prédio com o nome de Emmanuel Bezerra dos Santos, ex-presidente da Casa do Estudante, que foi assassinado em 1973, durante a ditadura civil-militar. No prédio também passou a funcionar a sede da Secretaria das Mulheres, da Juventude, da Igualdade Racial e dos Direitos Humanos. *Casa do Estudante*. Disponível em: https://www.antaldasantigas.com.br/blog/casa-do-estudante. Acesso em: 27 out. 2023.

> [...]magro, estatura mediana (mais para baixo do que para alto), cor morena, fronte larga, cabelos crespos, olhos verdes, pele do rosto estragada, sorriso nos lábios, afável com os amigos correligionários, implacável e irônico com os adversários.

Por sua vez, o jornalista Luciano de Almeida (1992, p. 23) narra que Emmanuel Bezerra dos Santos era uma pessoa afetuosa, simples, desprendida de qualquer privilégio e que tinha uma grande dedicação à causa pela qual lutava. Como podemos notar, os autores contemporâneos e ex-colegas de Emmanuel Bezerra dos Santos descrevem as principais características físicas e os valores humanos dele. Desse modo, contribuem para termos uma noção da aparência e das atitudes de Emmanuel Bezerra dos Santos.

Os laços de amizade de Emmanuel Bezerra dos Santos com os colegas da Casa do Estudante e do Colégio do Atheneu Norte-Riograndense foram construídos pela convivência diária na dedicação aos estudos. A abnegação à leitura incessante de diferentes livros contribuiu para o desenvolvimento de sua intelectualidade e facilitou a forma de expressar-se por meio da oratória. A coragem e a fé em seus objetivos possibilitam ao jovem Emmanuel iniciar sua liderança no movimento estudantil natalense. Logo, foi eleito presidente do Grêmio Estudantil do Colégio Estadual do Atheneu Norte-Riograndense. Essa agremiação foi atuante nas manifestações democráticas contra a ditadura civil-militar.

Emmanuel Bezerra dos Santos, quando cursava a 3.ª série do Curso Ginasial (atualmente 3.º ano do ensino médio), juntamente com outros colegas, fundou o jornal *O Realista*, de cunho político-educacional, voltado para difundir a cultura popular e denunciar a exploração e a consequente miséria disseminada pelo sistema capitalista.

Em 1967, Emmanuel Bezerra dos Santos criou, juntamente com colegas, membros do movimento estudantil, o *Jornal do Povo*. Esse jornal tinha a finalidade de informar as ações políticas, as mobilizações estudantis e possuía a função de mostrar a miséria social existente no estado e no país. Portanto, o *Jornal do Povo* possuía correspondentes (estudantes) em vários municípios do estado do Rio Grande do Norte.

Nessa perspectiva, Germano (1992, p. 19) argumenta que a origem humilde de Emmanuel Bezerra dos Santos possibilitou que ele desenvolvesse uma arguta percepção e revolta contra a miséria social, a exploração do trabalho humano e toda e qualquer forma de abuso. Portanto, os jornais eram uma das maneiras de Emmanuel Bezerra dos Santos expressar sua percepção de mundo. Os escritos se constituíam como um meio de comunicação do movimento estudantil, que servia para realizar denúncias das injustiças sociais.

O jornal *O Realista*, criado em 1966, logo foi extinto. Já em relação ao *Jornal do Povo*, segundo a CNV (2014), ele foi criado em 1967. Não encontramos registros de quantas edições foram publicadas em cada jornal. Logo, foram iniciativas que tiveram pouca duração, porém produziram efeitos significativos para os estudantes. Os jornais clandestinos serviram para articular informações entre os integrantes dos movimentos sociais contra a ditadura civil-militar. Desse modo, o ensino de História pode refletir acerca das dificuldades enfrentadas pelos jovens estudantes da década de 1960 para produzir jornais e fazer circular as informações ao público e discutir as facilidades de comunicação da atualidade com o uso das Tecnologias Digitais da Informação e Comunicação.

Consideramos importante destacar que, durante a realização deste trabalho de pesquisa, estivemos no Colégio Estadual do Atheneu Norte-Riograndense, onde visitamos o memorial da escola denominado Projeto Memória Viva. Na ocasião, pesquisamos nos arquivos do ex-aluno e líder estudantil daquela instituição Emmanuel Bezerra dos Santos, e não encontramos exemplares dos jornais *O Realista* e do *Jornal do Povo*. Contudo, obtivemos informações de que durante a ditadura civil-militar a escola foi alvo de investigações e por diversas vezes foram feitas apreensões de livros, jornais, revistas e documentos dela pela Delegacia de Ordem Pública e Social (DOPS). No entanto, encontramos diversos documentos, tais como: histórico escolar, fichas de matrículas e atestados médicos.

A Casa do Estudante e o Colégio Estadual do Atheneu Norte-Riograndense foram espaços de atuação de Emmanuel Bezerra dos Santos. Desse modo, em 1967, o jovem Emmanuel alcançou mais um objetivo. Ele foi eleito Presidente da Casa do Estudante. De acordo com Germano (1992, p. 19):

> Na época em que Emmanuel Bezerra dos Santos era Presidente da Casa do Estudante, a instituição transformou-se num centro de debate cultural e político. A casa tinha uma biblioteca e estimulava a cultura e discussão entre os seus sócios. A casa era também um centro esportivo e recreativo reconhecido na cidade.

Como podemos perceber, Emmanuel Bezerra dos Santos, na condição de líder, possuía uma inteligência diferenciada, coragem e ousadia. Ele estava preocupado com a formação cultural de todos os integrantes da Casa do Estudante. Todavia, as ações desenvolvidas na Casa do Estudante e no Colégio do Atheneu pelo jovem líder estudantil incomodavam a ditadura civil-militar. As consequências do destemor não demoram a ocorrer, conforme podemos observar nos relatos de Germano (1992, p. 19) ao afirmar que, "por causa de sua atuação política, Emmanuel Bezerra dos Santos foi preso algumas vezes [...] e a Casa do Estudante foi invadida por forças militares".

A seguir, imagem da Casa do Estudante do Rio Grande do Norte, que em 2019 recebeu o nome de Emmanuel Bezerra dos Santos *in memoriam*. A homenagem é uma forma de reconhecimento feita pelo estado do Rio Grande do Norte a Emmanuel Bezerra dos Santos pela sua marcante participação política no movimento estudantil da década de 1960 em Natal/RN.

Figura 9 – Casa do Estudante do Rio Grande do Norte – Emmanuel Bezerra dos Santos – Natal/RN

Fonte: o autor

O movimento estudantil em Natal/RN entre os anos de 1966 e 1968 foi ativo, lutando por melhorias educacionais e sociais. Assim, durante a ditadura civil-militar foram frequentes as mobilizações dos estudantes contra o regime de governo instituído no país. A Casa do Estudante era um local de referência para os integrantes do movimento estudantil natalense. Neste espaço ocorriam reuniões onde se discutiam os principais problemas enfrentados pela classe estudantil. Também era um espaço de tomada de decisões e encaminhamento ou deliberações que deveriam ser realizadas pelos militantes do movimento.

Nesse sentido, Capistrano (2010, p. 92) afirma que "a Casa do Estudante é transformada em forte trincheira de luta do movimento estudantil (secundaristas e universitários) de Natal". O autor aponta a Casa do Estudante como o espaço de resistência contra a ditadura civil-militar.

A fotografia a seguir apresenta Emmanuel Bezerra dos Santos participando de um evento estudantil em frente à Casa do Estudante em Natal/RN, instituição da qual era presidente em 1967.

Figura 10 – Emmanuel Bezerra discursa em manifestação estudantil em frente à Casa do Estudante (1967)

Fonte: Livro *Emmanuel Vida & Morte*, 1992

De acordo com Araújo *et al.* (1995, p 181), Emmanuel Bezerra dos Santos organizou a bancada de estudantes potiguares que participaram do 30º congresso estudantil a ser realizado pela União Nacional dos Estudantes (UNE) no Sítio Murundu, distrito de Ibiúna/SP, em 12 de outubro de 1968. O evento clandestino foi interrompido por agentes do DOPS, que na ocasião prendeu aproximadamente 900 pessoas.

O Relatório da CNV (2014) afirma que durante os trabalhos da comissão foram encontrados diversos documentos nos arquivos do DOPS/RN do ano de 1968. Esses documentos apontam vários episódios de atividades políticas de Emmanuel Bezerra dos Santos liderando estudantes secundaristas e universitários, em Natal/RN. Os escritos apresentam Emmanuel Bezerra dos Santos lutando por questões importantes como verbas para o restaurante universitário e vagas nas universidades para estudantes excedentes que haviam sido aprovados no vestibular.

O Relatório Final da Comissão da Verdade da UFRN (2015, p. 242) informa que, no âmbito universitário, Emmanuel Bezerra dos Santos tornou-se diretor de planejamento do Diretório Central dos Estudantes (DCE) da Universidade Federal do Rio Grande do Norte, na gestão de 1968 do presidente Ivaldo Caetano Monteiro. Portanto, observamos que entre os anos de 1967 e 1968 o jovem estudante Emmanuel Bezerra dos Santos se constituiu como um dos principais líderes do movimento estudantil do Rio Grande do Norte.

A seguir temos uma fotografia com Emmanuel Bezerra dos Santos divulgada pela Comissão da Verdade da UFRN (2015, p. 241). No lado direito da fotografia encontra-se Emmanuel Bezerra dos Santos e, à direita dele, os amigos, estudantes da UFRN, no final da década de 1960.

Figura 11 – Estudantes potiguares: Emmanuel Bezerra

Fonte: Comissão da Verdade da UFRN (2015)

O movimento estudantil no Rio Grande do Norte resistiu de diferentes formas contra a ditadura civil-militar, que podem ser percebidas nas manifestações pacíficas feitas pelos Grêmios Estudantis de escolas, nas organizações dos Diretórios Centrais Estudantis (DCEs) nas universidades e na participação das pautas da União Nacional dos Estudantes (UNE). Os principais protestos realizados pelos estudantes pleiteavam por mais vagas nas universidades públicas e defendiam melhores condições de ensino. Os estudantes também se manifestaram contra a privatização do ensino superior e defendiam a liberdade democrática.

Após o ano de 1964, o movimento estudantil se organizou e cresceu em todo o país, as mobilizações chegaram ao auge em 1968. A força do movimento estudantil no Brasil influenciava nas decisões políticas adotadas pelo governo militar. A forma de resistência mais rebelde que o movimento estudantil pôde realizar contra a ditadura civil-militar foi a participação de muitos de seus integrantes na luta armada. Portanto, o movimento estudantil era uma ameaça à ditadura civil-militar.

O engrandecimento das mobilizações estudantis foi percebido pelo governo, que passou a adotar medidas severas para contê-lo. Assim, entre as providências adotadas encontra-se a publicação do Ato Institucional n.º 5 (AI-5), em 13 de dezembro de 1968. E no ano seguinte, em 26 de fevereiro de 1969, o governo militar editou o Decreto-Lei 477. Essa lei tinha como finalidade proibir qualquer manifestação considerada de caráter subversivo dentro das escolas públicas e privadas. Previa para os discentes seu desligamento e proibição de ingresso em outros estabelecimentos de ensino durante três anos e, para professores e funcionários, a mesma pena pelo período de cinco anos. Assim, a lei foi utilizada para perseguir e expulsar das escolas a juventude idealista, fechando todos os canais democráticos de expressão.

Historiadores utilizam a expressão genérica "anos de chumbo" para se referir à violenta repressão da ditadura civil-militar contra o movimento estudantil e outros movimentos sociais opositores da ditadura civil-militar no período entre 1968 e 1974. De acordo com Santos (2009), após a promulgação do Ato Institucional n.º 5 (AI-5) em 1968, a repressão se intensificou àqueles que se opunham ao governo. Líderes estudantis e partidários foram perseguidos, muitos foram presos e torturados e alguns até foram mortos. Portanto, foi após as publicações do Decreto-Lei n.º 314/1967, do Ato Institucional n.º 5 de 1968 e do Decreto-Lei n.º 477/1969 que Emmanuel Bezerra dos Santos foi investigado e condenado à prisão por um ano.

Acerca da primeira prisão de Emmanuel Bezerra dos Santos, o Relatório da CNV (2014) concluiu:

> Em 9 de maio de 1968, foi intimado a comparecer ao Quartel da Polícia Militar do Estado do Rio Grande do Norte, a fim de prestar depoimento sob a acusação de que lhe era impingida: infiltração comunista no movimento estudantil. [...] Foi condenado pela Procuradoria Militar, da Auditoria da 7ª RM a 1 (um) ano de detenção, incurso no artigo 38, inciso IV do Decreto-Lei 314/67.

Consideramos importante destacar que, conforme o Relatório da CNV (2014), a advogada Mércia de Albuquerque Ferreira (1934-2003) requereu ao comandante da Base Naval de Natal, responsável pela custódia de Emmanuel Bezerra dos Santos, que lhe permitisse prestar exames na Faculdade de Sociologia e Política, em Natal/RN, em 16 de abril de 1969. Portanto, de acordo com a CNV (2014), Emmanuel Bezerra dos Santos encontrava-se preso havia mais de cem dias. Por sua vez, o Relatório da Comissão da Verdade da UFRN (2015, p. 242) aponta que Emmanuel Bezerra dos Santos foi preso e condenado no chamado "Inquérito do Restaurante Universitário", sendo preso na Base Naval de Natal e em Distritos Policiais durante o interregno de dezembro de 1968 a outubro de 1969. Assim, é importante dizer que foi na prisão da Base Naval de Natal/RN que Emmanuel Bezerra dos Santos escreveu o seu mais conhecido poema *Às gerações futuras*.

Após sair da prisão da Base Naval de Natal/RN em 1969, Emmanuel Bezerra dos Santos recebeu um convite do dirigente do PCR Manoel Lisboa de Moura (1944-1973), para participar do partido. Emmanuel Bezerra dos Santos aceitou o convite e passou a dirigir o comitê universitário do PCR, como podemos constatar na citação a seguir:

> Ao sair da prisão, Emmanuel Bezerra dos Santos, aproximou-se do PCR, e dirigiu o comitê universitário da organização, entrou para a clandestinidade em Pernambuco e Alagoas e passou a dedicar-se à luta pela revolução. Sua dedicação levou-o a integrar o Comitê Central do Partido na condição de dirigente. Usava o codinome Flavio (Canuto, 2016, p. 90).

Emmanuel Bezerra dos Santos sabia o risco de vida que corria. Mesmo assim, entrou para a clandestinidade atuando como um membro dirigente do PCR e utilizando o codinome Flávio.

Vale destacar que o PCR foi fundado em maio de 1966, no período da ditadura civil-militar, em Recife/PE. O PCR foi resultado de uma cisão do Partido Comunista do Brasil (PCdoB), que reunia ex-ativistas das Ligas Camponesas e militantes do movimento estudantil. Portanto, o PCdoB deu origem ao PCR. Os integrantes do PCR defendiam a luta armada contra o regime de governo instituído no país. A luta armada era vista como uma das estratégias de resistência a ser realizada pelos grupos de esquerda e que deveria ter início no meio rural da região Nordeste do Brasil.

Assim, para os militantes do PCR, a população da região Nordeste do Brasil era a mais explorada pelo capitalismo, fato que justificava o subdesenvolvimento dessa região. Desse modo, o PCR entendia que a revolução política deveria ocorrer por meio da aliança entre os membros do movimento estudantil, que eram encarregados de propagar a ideologia do proletariado para as classes camponesas e operárias, conduzindo à luta armada.

Contudo, não havia uma concordância geral acerca da luta armada. Assim, eram comuns divergências dentro dos grupos que defendiam o combate. O término da ditadura civil-militar e o restabelecimento do estado democrático de direito era o único entendimento comum pretendido pelos diversos grupos que faziam resistência à forma de governo instituída no país. Não cabe a nós fazermos um julgamento das ações dos grupos de resistência à ditadura civil-militar. Logo, buscamos compreender de maneira geral o que esses grupos faziam e os motivos pelos quais lutavam.

A partir de 1970, Emmanuel Bezerra dos Santos foi encarregado de dirigir o PCR no estado de Alagoas. Em agosto de 1973 foi enviado ao Chile e à Argentina cumprindo missão do PCR. De acordo com o Relatório Final da Comissão Nacional da Verdade (2014), Emmanuel Bezerra dos Santos foi ao encontro de membros do PCBR que se encontravam no exílio no Chile, e na pauta desse compromisso estava a discussão sobre a situação do PCR, sua linha política e uma possível atuação com a dissidência da Aliança Libertadora Nacional (ALN)[34], a Tendência Leninista (TL) ou mesmo uma atuação maior no exterior, solução para o problema de finanças e, sobretudo, orientação política.

---

[34] Carlos Marighella (1911-1969) foi membro do comitê gestor do Partido Comunista Brasileiro (PCB). O PCB não defendia a luta armada como forma de combater a ditadura civil-militar. Esse foi um dos motivos que contribuiu para que Carlos Marighella realizasse a desfiliação do PCB e criasse a Aliança Libertadora Nacional (ALN) em 1967 com o objetivo pregar a guerra de guerrilha urbana como estratégia revolucionária.

Acerca da segunda prisão de Emmanuel Bezerra dos Santos, Canuto (2016, p. 90) argumenta que Emmanuel foi preso, possivelmente na fronteira, pela polícia internacional a pedido da polícia brasileira. Veio preso para o Brasil, onde foi torturado no QG do IV Exército. Acerca desse fato, o Relatório da CNV (2014) conclui que Emmanuel foi preso quando voltava do Chile, provavelmente pela Operação Condor, e entregue ao DOI-CODI de São Paulo/SP. Os dois trabalhos utilizados nesta pesquisa – Canuto (2016) e o Relatório da CNV (2014) – não apresentam certeza ou precisão do local da segunda prisão de Emmanuel Bezerra dos Santos. Todavia, concordam que a prisão foi realizada quando Emmanuel Bezerra dos Santos voltava do exterior para o Brasil.

A CNV (2014) concluiu que a morte de Emmanuel Bezerra dos Santos ocorreu no dia 4 de setembro de 1973. Acerca desse fato, a CNV (2014, p. 1293) fez a seguinte descrição: "Emmanuel foi morto sob torturas no DOI--CODI de São Paulo, depois de ter sido mutilado (arrancaram-lhe os dedos, o umbigo, os testículos e o pênis)". O corpo de Emmanuel Bezerra dos Santos foi enterrado no Cemitério de Campo Grande/SP, juntamente com o corpo de Manoel Lisboa de Moura, em uma mesma cova, como indigente. Após esse acontecimento, Emmanuel Bezerra dos Santos foi noticiado como desaparecido, como alguém cuja prisão ou morte não é reconhecida pelo Estado.

Os jornais da época divulgaram que "Emmanuel Bezerra dos Santos havia sido morto juntamente com Manoel Lisboa de Moura em um confronto/tiroteio pelas forças de segurança da ditadura civil-militar na cidade de São Paulo/SP". Todavia, o Relatório da CNV (2014) ratifica que a informação divulgada pelos jornais era falsa.

Na pequena comunidade de pescadores, Caiçara, distrito de São Bento do Norte, os familiares do jovem comunista acreditavam que ele poderia estar vivo e aguardavam seu retorno à sua terra natal. Como podemos notar no poema escrito pela Sra. Joana Elias Bezerra (mãe de Emmanuel Bezerra dos Santos) e entregue à advogada Dra. Mércia Albuquerque Ferreira[35], nos primeiros anos da década de 1970.

---

[35] A peça teatral *Lady Tempestade*, monólogo com Andréa Beltrão, dirigido por Yara de Novaes, foi lançada no Rio de Janeiro em 2024. A atriz mergulha no diário da advogada pernambucana Mércia Albuquerque Ferreira, que se dedicou a salvar presos políticos durante a ditadura civil-militar (1964-1985). A relação de Mércia Alburquerque com mães, pais e filhos de desaparecidos políticos foi o recorte escolhido para a peça. Numa jornada de reflexão e encontro com histórias escondidas da nossa própria história, a dramaturgia explora o espaço de invenção entre o documento e a ficção e a colisão entre o passado e o presente para pensar o futuro. As apresentações ocorreram no Teatro Poeira – Rua São João Batista, 104, Botafogo. A primeira temporada ocorreu de 4 de janeiro a 4 de fevereiro de 2024. *Lady Tempestade* – Teatro Poeira. Disponível em: https://www. teatropoeira.com.brledytempestade. Acesso: 22 mar. 2024.

POESIA DE UMA MÃE AFLITA[36]

Meu filho, eu me encontro a ti procurar
Com a notícia que estás na prisão.
O coração de mãe quase não resiste
Em saber que sofres nesta solidão.
Só a lembrança de Cristo no Calvário
É que me faz não desfalecer.
Que ele tenha compaixão de ti,
Que no sofrimento não venhas perecer.
O coração de mãe continua aflito
Só em pensar nos teus sofrimentos,
Relembrando um filho como tu *és,*
Viver sofrendo tamanho tormentos.
Confiando em Deus que não desampara
Todos aqueles que amam seus irmãos,
Pois cumprindo o seu dever de humanidade
Jesus há de ter de ti compaixão.

(Joana Elias Bezerra, Natal/RN, década de 1970)

O sentimento de fé cristã da Sra. Joana Elias Bezerra (1912-1982) por seu filho representa o sentimento de centenas de outras mães que também tiveram seus filhos envolvidos nos movimentos sociais, nas organizações partidárias clandestinas e nos grupos de guerrilhas. Jovens que sonhavam com liberdade, lutavam por democracia e queriam uma sociedade mais justa e melhor. Todavia, tiveram seus Direitos Humanos violados pela ditadura civil-militar instituída no país.

Em 1993, a pequena Caiçara do Norte foi emancipada e homenageou em memória a ex-vereadora de São Bento do Norte/RN Joana Elias Bezerra. Nomeando o prédio da Câmara Municipal de Palácio Vereadora Joana Elias Bezerra.

---

[36]   O poema está publicado no sítio da DHnet – faz parte do discurso da advogada Mércia Albuquerque Ferreira na Assembleia Legislativa do Rio Grande do Norte. No texto, Mércia Albuquerque afirma que o poema foi escrito por D. Joana Elias Bezerra, mãe de Emmanuel Bezerra dos Santos, e entregue a ela (Mércia Albuquerque Ferreira) em um encontro que tiveram. Na ocasião (início da década de 1970) Emmanuel Bezerra dos Santos estava sendo considerado pela família como desaparecido político e D. Joana Elias tinha expectativa de reencontrar seu filho. Por isso, buscava ajuda. No ano de 2002, Mércia Albuquerque Ferreira, advogada de Emmanuel Bezerra dos Santos, recebeu o título de Cidadania Norte-Riograndense na Assembleia Legislativa do RN, foi homenageada pela Câmara Municipal de Natal/RN e recebeu o prêmio de Direitos Humanos (Emmanuel Bezerra dos Santos) do Rio Grande do Norte. Mércia Albuquerque foi advogada de dezenas de presos políticos do RN durante a ditadura civil-militar. Disponível em: http://dhnet.org.br/memoria/mercia/trajetoria/1cidada_rn1.html. Acesso em: 18 nov. 2023.

Figura 12 – Câmara Municipal de Caiçara do Norte/RN

Fonte: o autor

Após a redemocratização do país, em 1992, Luiza Erundina de Sousa, prefeita da cidade de São Paulo/SP no período de 1989 até 1992 pelo Partido dos Trabalhadores (PT), coordenou uma equipe que envolveu pesquisadores de universidades, comissão de Direitos Humanos e entidades civis representando familiares de ex-presos políticos, mortos e desaparecidos políticos do período da ditadura civil-militar de vários estados do Brasil. A articulação tinha como principal objetivo auxiliar no esclarecimento de crimes políticos praticados pelo Estado brasileiro durante a ditadura civil-militar.

Foi nesse contexto que os restos mortais de Emmanuel Bezerra dos Santos foram exumados pelo Departamento de Medicina Legal da Universidade de Campinas (Unicamp) em São Paulo/SP. O Relatório da CNV (2014) informa que no dia 12 de julho de 1992, em São Paulo/SP, Dom Evaristo Arns rezou missa na presença dos restos mortais de Emmanuel Bezerra dos Santos e de outros militantes, que também foram exumados.

No dia seguinte, 13 de julho de 1992, ocorreu o translado da urna funerária contendo a ossada de Emmanuel Bezerra dos Santos, de São Paulo/SP para Natal/RN, acompanhada por membros da Comissão de Direitos Humanos. Ao chegar em Parnamirim/RN, em uma clara manhã de segunda-feira, os restos mortais de Emmanuel Bezerra dos Santos foram recebidos por familiares, integrantes do movimento estudantil potiguar, militantes políticos de esquerda e ativistas dos Direitos Humanos do Rio Grande do Norte. Os envolvidos realizaram um cortejo fúnebre que teve como trajeto a saída do Aeroporto Internacional Augusto Severo, em Parnamirim/RN, com parada no Colégio Estadual do Atheneu Norte-Rio-grandense e na Casa do Estudante.

Ativistas dos Direitos Humanos do Rio Grande do Norte coordena-ram as homenagens a Emmanuel Bezerra dos Santos. A vigília ocorreu no auditório da Casa do Estudante. Muitos discursos e apresentações foram feitos exaltando a memória do jovem Emmanuel Bezerra dos Santos. O reencontro do líder estudantil com o Atheneu e com a Casa do Estudante, locais que foram palco de muitas lutas, e com pessoas que conviveram com ele na década de 1960, foi marcado pela emoção.

Finalmente, no dia 14 de julho de 1992 os restos mortais de Emmanuel Bezerra dos Santos chegam à Caiçara do Norte/RN, sua terra natal. O povo sai às ruas para receber, saudar e acolher o filho ilustre que saiu de sua terra vivo, no rumo da utopia, e que demoraria a voltar. O reconhecimento e o respeito à memória do ousado aluno da democracia foram observados em atos simples, porém simbólicos, por meio das expressões faciais e no olhar das pessoas, do aceno com lenços brancos, pelo porte de cartazes, manuseio de bandeiras com a imagem de Emmanuel Bezerra dos Santos, acompanha-mento ao cortejo fúnebre, discursos eloquentes e posterior sepultamento sob forte comoção social, na cidade onde nasceu, São Bento do Norte/RN.

No percurso do cortejo fúnebre a urna funerária foi coberta com a bandeira do Brasil sendo transportada em cima de um veículo branco (Volkswagen/Kombi) do Sindicato dos Garis/RN, acompanhada por cen-tenas de pessoas na principal rua de Caiçara, distrito de São Bento do Norte/RN. Isso posto, a volta dos restos mortais de Emmanuel Bezerra dos Santos foi resultado de muito trabalho dos ativistas dos Direitos Humanos no âmbito local e nacional.

Portanto, a vida de Emmanuel Bezerra dos Santos estava ligada às questões sociais, políticas e culturais de seu tempo. Sua trajetória se constituiu como estudante e militante do movimento estudantil, poeta, ativista político do PCB e PCR, preso político, desaparecido político e vítima da ditadura civil-militar brasileira. Atualmente o nome do líder estudantil comunista Emmanuel Bezerra dos Santos é lembrado (*in memoriam*) em muitas instituições públicas, ruas, praças públicas, prêmios de mérito, comendas/honrarias e pelos movimentos sociais no Brasil.

Logo, observamos que a memória instituída sobre Emmanuel Bezerra dos Santos passou a se consolidar na sociedade potiguar a partir da redemocratização do Brasil. Sobretudo, posteriormente ao ano de 1992, após o translado dos restos mortais dele de São Paulo/SP para Natal/RN, depois para Caiçara do Norte/RN e São Bento do Norte/RN, onde foram sepultados os despojos mortais.

Esse fato teve ampla divulgação pelas mídias (tv, rádio, jornais, internet), proporcionando o conhecimento da história de vida de Emmanuel Bezerra dos Santos à população. Portanto, esse acontecimento foi marcante para a memória dos familiares, amigos, integrantes dos movimentos sociais, ativistas dos Direitos Humanos e da imprensa norte-rio-grandense que acompanhavam os desdobramentos do caso Emmanuel Bezerra dos Santos. Antes do ano de 1990, havia poucas informações acerca de Emmanuel Bezerra dos Santos. As pessoas que conheciam a história de vida do líder comunista, tinham medo de falar sobre o assunto.

Constatamos com este trabalho de pesquisa que, nas últimas três décadas, houve uma crescente mobilização dos partidos políticos, movimentos sociais e estudantis, estado do RN, município de Natal/RN e Comissão de Direitos Humanos do RN em reconhecer e enaltecer a memória de Emmanuel Bezerra dos Santos, que se formou na defesa e na luta pela democracia e cidadania no Brasil. Logo, a institucionalização do nome de Emmanuel Bezerra dos Santos ocorreu porque já havia uma memória compartilhada na sociedade. Desse modo, por força dos movimentos sociais, ela se institucionalizou.

Constatamos também que a memória institucionalizada de Emmanuel Bezerra dos Santos, na cidade de Caiçara do Norte/RN, se constituiu a partir da ampla publicidade da história de vida dele no início da década de 1990 no município. Esse acontecimento proporcionou conhecimento de sua trajetória de existência e sensibilizou as pessoas, sobretudo familiares, amigos, partidos políticos e a sociedade civil organizada (sindicatos de trabalhadores rurais, associações, colônia de pescadores, igrejas, escolas) do município que se identificavam com seus ideais, influenciando, dessa forma, no processo de institucionalização do nome de Emmanuel Bezerra dos Santos nas repartições públicas municipais por meio de leis.

Assim, no trabalho de pesquisa, catalogamos os nomes de instituições, ruas, praças, prêmios, comendas/honrarias que receberam o nome de Emmanuel Bezerra dos Santos, em memória, após os anos 1990. Vejamos no quadro a seguir.

Quadro 2 – Memórias institucionalizadas de Emmanuel Bezerra dos Santos

Cidade	Instituições/ Praças/Ruas/Prêmios/Honrarias	Local/Bairro/ Data
Caiçara do Norte/RN	Escola Municipal Emmanuel Bezerra dos Santos	Rocas
Caiçara do Norte/RN	Biblioteca Municipal Emmanuel Bezerra dos Santos	Centro
Caiçara do Norte/RN	Projeto Local de Memória (placa) – Emmanuel Bezerra dos Santos	Praça das Rocas
Caiçara do Norte/RN	Feriado Municipal – em memória a Emmanuel Bezerra dos Santos	14 de julho
Caiçara do Norte/RN	Data Comemorativa Municipal – Aniversário de Emmanuel Bezerra dos Santos	17 de junho
Natal/RN	Escola Municipal Estudante Emmanuel Bezerra dos Santos	Planalto
Natal/RN	Casa do Estudante Emmanuel Bezerra dos Santos	Cidade Alta
Natal/RN	Diretório Central dos Estudantes – Emmanuel Bezerra dos Santos	Cidade Nova
Natal/RN	Conjunto Habitacional Emmanuel Bezerra dos Santos	Planalto
Natal/RN	Praça do Estudante Emmanuel Bezerra dos Santos	Cidade Alta
Natal/RN	Rua Emmanuel Bezerra dos Santos	Pitimbu
Natal/RN	Prêmio Estadual de Direitos Humanos – Emmanuel Bezerra dos Santos	CDHMP

Cidade	Instituições/ Praças/Ruas/Prêmios/Honrarias	Local/Bairro/ Data
Natal/RN	Comenda de Mérito – Emmanuel Bezerra dos Santos	Câmara Municipal
Natal/RN	Projeto Local de Memória (placa) – Emmanuel Bezerra dos Santos	Colégio do Atheneu
Recife/PE	Rua Emmanuel Bezerra dos Santos	Macaxeira

Fonte: elaborado pelo autor

A memória de Emmanuel Bezerra dos Santos foi construída por grupos sociais que têm lutado para torná-la viva. Logo, percebemos que esses grupos vêm procurando reafirmar o compromisso com a democracia e contra a possibilidade do retorno de outro regime político autoritário. Portanto, são objetivos bem situados politicamente em função de determinados interesses locais, estaduais e nacionais. Assim, a memória de Emmanuel Bezerra dos Santos tem ganhado notoriedade no seio da sociedade civil organizada (escritores, associações, partidos políticos, movimentos sociais, comissões de Direitos Humanos através do Projeto RN: Nunca Mais – Memorial Online Potiguar da DHnet e Comissão Nacional da Verdade).

Podemos ressaltar que Emmanuel Bezerra dos Santos teve seus poemas publicados (in memoriam) no livro Às gerações futuras[37], organizado pela equipe Ponto de Cultura Tecido Cultural com apoio do CENARTE/CDHMP, em 2010. Esse livro possui 17 poemas com atribuição de autoria a Emmanuel Bezerra dos Santos. Outra obra que aborda a biografia de Emmanuel Bezerra dos Santos é o livro Emmanuel vida & morte, uma produção da Cooperativa de Jornalistas de Natal (COOJORNAT). O livro é constituído de textos produzidos por vários autores que conheceram e conviveram com Emmanuel Bezerra dos Santos. Nele, relatam suas memórias sobre Emmanuel Bezerra dos Santos, enquanto estudante e ativista político, assim como o contexto de ditadura civil-militar vivido por todos, além de dialogar sobre as memórias da morte e pós-morte de Emmanuel Bezerra dos Santos.

---

[37] Livro Às gerações futuras. Disponível em: https://www.dhnet.org.br/dados/poesias/livro.pdf. Acesso em: 25 dez. 2023.

A biografia de Emmanuel Bezerra dos Santos está presente no Relatório Final da Comissão Nacional da Verdade (2014). Além disso, encontra-se disponível no YouTube um vídeo com o título: Emmanuel Bezerra vive!, produzido pela TV Memória Popular/Hermano Figueiredo, no qual é narrado o poema "Às gerações futuras" e apresentada a biografia de Emmanuel. Mostra ainda entrevistas, discursos de ativistas dos Direitos Humanos, o traslado dos restos mortais e o sepultamento de Emmanuel Bezerra dos Santos em São Bento do Norte/RN[38].

3.2.1 Memórias institucionalizadas de Emmanuel Bezerra dos Santos

Diante da grande quantidade de memórias materializadas que foram construídas acerca de Emmanuel Bezerra dos Santos, optamos em selecionar e trabalhar com as memórias coletivas institucionalizadas na cidade de Caiçara do Norte/RN, pois é neste município que desenvolvemos nossas atividades profissionais enquanto professor do ensino de História. As memórias coletivas acerca de Emmanuel Bezerra dos Santos, no município de Caiçara do Norte, estão presentes nas seguintes repartições públicas: 01 (uma) escola municipal que recebeu o nome de Emmanuel Bezerra dos Santos; 01 (um) prédio ligado à Secretaria de Educação do município, intitulado de Biblioteca Emmanuel Bezerra dos Santos; 01 (uma) data comemorativa de aniversário (17 de junho); 01 (um) feriado municipal (14 de julho) em memória de Emmanuel Bezerra dos Santos; e 01 (uma) placa do Projeto Lugar de Memória, cravada na praça pública do bairro Rocas.

A imagem a seguir corresponde ao prédio da Escola Municipal Emmanuel Bezerra dos Santos, localizado no município de Caiçara do Norte/RN.

---

[38] Emmanuel Bezerra vive! *YouTube*. Disponível em: https://www.youtube.com/watch?v=tbT0QTcr7cw. Acesso em: 22 set. 2023.

Figura 13 – Escola Municipal Emmanuel Bezerra dos Santos

Fonte: o autor

Essa instituição de ensino público era denominada de Djalma Marinho. Após a emancipação política de Caiçara do Norte, em 1993, a instituição foi renomeada de Escola Municipal Emmanuel Bezerra dos Santos. Logo, consideramos importante destacar que Djalma Marinho (1908-1981) era norte-rio-grandense. Ele foi advogado, professor e influente político brasileiro. Exerceu os cargos de deputado estadual por 02 (duas) vezes e de deputado federal por 07 (sete) mandatos pelo Rio Grande do Norte. Durante a ditadura civil-militar era filiado ao partido político Aliança Renovadora Nacional (Arena).

Por sua vez, Emmanuel Bezerra dos Santos não exerceu cargos políticos. A memória dele passou a ser reconhecida pela sociedade civil organizada após a redemocratização do país, sobretudo depois do traslado dos restos mortais dele de São Paulo/SP para Caiçara do Norte/RN e São Bento do Norte/RN em 1992. Portanto, houve a substituição do nome da escola para Emmanuel Bezerra dos Santos. Diferentemente de Djalma Marinho, Emmanuel Bezerra era caiçarense-do-norte e passou a ser ilustre pós-morte. Assim, a substituição do nome da escola simboliza a força da sociedade civil organizada num período político democrático. Logo, os grupos sociais passaram a defender a institucionalização de memórias de pessoas que morreram durante a ditadura civil-militar lutando por democracia.

Portanto, após a redemocratização do país, Emmanuel Bezerra dos Santos ganha *status* de herói memorável entre os grupos sociais (ativistas dos Direitos Humanos, partidos de esquerda do RN, movimento estudantil e movimentos sociais de modo geral). Esse fato ocorre por meio de disputas de memórias dentro da sociedade. Os grupos sociais buscam selecionar e preservar as memórias que lhes são significativas. Dessa forma, identificar as disputas de memórias existentes na sociedade, e dialogar com os discentes no ensino de História sobre o tema, proporciona o conhecimento da identidade dos grupos sociais existentes no lugar em que vivem.

Desse modo, no ensino da História do Tempo Presente, o historiador/professor tem a importante função de valorizar os saberes (memórias/histórias) que estão presentes na comunidade. O historiador/professor pode desempenhar um importante papel estimulando e orientando os(as) alunos(as) no contato com esses fragmentos da memória. Deve levar em consideração as realidades culturais desses discentes, procurando identificar a qual grupo social eles pertencem e quais memórias os grupos possuem do espaço urbano em que os indivíduos vivem.

A seguir observamos a imagem da Biblioteca Municipal Emmanuel Bezerra dos Santos, localizada na cidade de Caiçara do Norte/RN. No prédio à direita da fotografia, funciona a Secretaria Municipal de Educação. No prédio à esquerda, temos a Biblioteca Emmanuel Bezerra dos Santos, que funciona também como local de realização de eventos, reuniões e palestras no âmbito da educação.

Figura 14 – Biblioteca Municipal Emmanuel Bezerra dos Santos

Fonte: o autor

De acordo com Macêdo (2017), estudar a História das cidades é uma maneira de nos apropriarmos delas não só pelo conhecimento de sua experiência urbana, mas também pela maneira de ensinar a sua História. Desse modo, é possível entrelaçar as memórias locais com as memórias historiográficas regional e nacional para que se obtenha um aprendizado histórico significativo. Para Macêdo (2017), a história da cidade não basta por si só para explicá-la. É necessário recorrer a outros contextos e relações. Afinal, as explicações históricas são relacionais, sempre dependem do entendimento que teremos do entrelaçar que ocorre entre várias escalas, entre a região e o país, entre o país e o mundo e o indivíduo.

Logo, a memória que está institucionalizada no município de Caiçara do Norte/RN sobre Emmanuel Bezerra dos Santos possui uma ligação direta com as memórias traumáticas herdadas da ditadura civil-militar que está ligada aos grupos regionais e nacional. Desse modo, é importante que os(as) alunos(as) conheçam essa relação para que adquiram o conhecimento histórico.

3.2.2 Projeto Lugar de Memória: Emmanuel Bezerra dos Santos

O Projeto Lugar de Memória foi criado e desenvolvido no ano de 2023 pelo Centro de Direitos Humanos e Memória Popular – CDHMP do Rio Grande do Norte. A iniciativa teve como objetivo homenagear pessoas que contribuíram com conhecimentos culturais e políticos para a sociedade em que vivem ou viveram. Os ativistas de Direitos Humanos selecionaram personalidades de bairros ou de cidades e elaboraram placas com os nomes dos agraciados destacando suas habilidades e talentos. A ação consiste numa forma de reconhecimento pela função desempenhada pelo(a) homenageado(a) na sociedade.

Foi nesse contexto de homenagens que ativistas dos Direitos Humanos, integrantes de movimentos sociais e partidos políticos realizaram uma série de eventos, no Rio Grande do Norte, para rememorar os 50 anos da morte de Emmanuel Bezerra dos Santos. O falecimento do jovem Emmanuel Bezerra ocorreu no dia 4 de setembro de 1973, durante a ditadura civil-militar no Brasil (1964-1985). Os militantes realizaram uma programação especial para lembrar a trajetória de vida de Emmanuel Bezerra dos Santos. Desse modo, foram cravadas, em Caiçara do Norte/RN e em Natal/RN, placas do Projeto Lugar de

Memória em homenagem a Emmanuel Bezerra dos Santos. Os eventos tiveram ampla divulgação nas mídias sociais (grupos de WhatsApp, Facebook, Instagram, YouTube, blogs), com repercussão em todo o estado do Rio Grande do Norte.

A programação teve início no dia 2 de setembro de 2023 com depoimentos/testemunhos de pessoas que foram responsáveis pelo translado dos restos mortais de Emmanuel Bezerra dos Santos de São Paulo/SP para Natal/RN e, posteriormente, Caiçara do Norte/RN e São Bento do Norte/RN. O evento foi realizado no YouTube, através de *live*, no canal denominado de *Pós TV DHnet Direitos Humanos*[39].

No dia 3 de setembro de 2023, o canal *Pós TV DHnet Direitos Humanos* fez a segunda *live* da programação que teve a participação de ativistas dos Direitos Humanos, integrantes da Comissão Especial sobre Mortos e Desaparecidos Políticos. Os participantes narram com detalhes como ocorreu todo o processo do translado dos restos mortais de Emmanuel Bezerra dos Santos. Assim, relataram as particularidades do caso, como o reconhecimento da ossada, o translado e a entrega para a família, os amigos, ativistas dos Direitos Humanos e para os movimentos sociais do Rio Grande do Norte.

No dia 4 de setembro de 2023 foi realizada uma Sessão Solene na Câmara Municipal de Caiçara do Norte/RN que contou com a presença de ex-colegas e amigos de Emmanuel Bezerra dos Santos na década de 1960 em Natal/RN, autoridades políticas da cidade (prefeito, vice-prefeito, vereadores(as)), ativistas dos Direitos Humanos do RN, representantes do Colégio Estadual do Atheneu Norte-Riograndense, integrantes do PCR, sindicalistas, professores(as) e alunos(as) das escolas do município de Caiçara do Norte e familiares de Emmanuel Bezerra dos Santos.

Após a sessão houve a exibição de um documentário sobre a vida de Emmanuel Bezerra dos Santos em praça pública, no bairro das Rocas. Na sequência foi feito o cravamento de uma placa do Projeto Lugar de Memória. A placa possui a seguinte frase: *Nesta cidade nasceu o jovem poeta e militante potiguar assassinado aos 26 anos no período da ditadura militar no Brasil.* A placa foi cravada na praça pública do bairro das Rocas, em frente à Escola Municipal Emmanuel Bezerra dos Santos.

---

[39] Pós TV Dhnet Direitos Humanos. Site oficial. Disponível em: https://www.youtube.com/@TVDHnetDireitosHumanos. Acesso em: 22 jan. 2024.

Figura 15 – Placa do Projeto Lugar de Memória

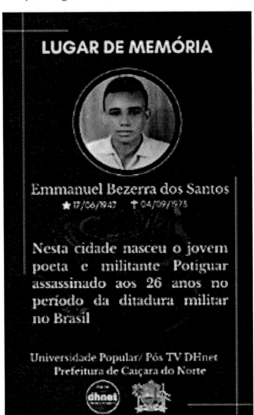

Fonte: Pós TV DHnet

Nessa figura, visualizamos a placa do Projeto Lugar de Memória. No descerramento estiveram presentes autoridades (prefeito, vice-prefeito, vereadores(as) de Caiçara do Norte e ativistas dos Direitos Humanos do RN).

Na tarde do dia 6 de setembro de 2023, ativistas dos Direitos Humanos do Rio Grande do Norte continuaram a programação de rememoração dos 50 anos da morte de Emmanuel Bezerra dos Santos, ocorrida em 04 de setembro de 1973, durante a ditadura civil-militar. Os ativistas realizaram um evento no Colégio Estadual do Atheneu Norte-Riograndense. Na ocasião foi feito o lançamento do *botton* de Emmanuel Bezerra dos Santos, assim como foi realizada a colocação de uma imagem com moldura de Emmanuel Bezerra dos Santos na sala do memorial denominado de *Projeto Memória Viva*.

O Memorial do Atheneu possui um grande acervo de documentos, livros, imagens e objetos. O Projeto Memória Viva desenvolve parcerias com professores(as) e membros da comunidade escolar e subsidia pesquisadores/historiadores, discentes e docentes com materiais/fontes históricas para pesquisas/estudos. O evento foi realizado em dois espaços, a saber: na sala do memorial e no corredor da entrada principal do Colégio Estadual do Atheneu Norte-Riograndense.

Na oportunidade os ativistas colocaram uma placa do Projeto Lugar de Memória em homenagem ao ex-aluno do Colégio Estadual do Atheneu Norte-Riograndense Emmanuel Bezerra dos Santos. A placa está localizada na entrada principal da escola e possui a seguinte frase/epitáfio: *Aqui estudou o jovem poeta e militante potiguar assassinado aos 26 anos no período da Ditadura Militar no Brasil*. A imagem a seguir apresenta a placa que foi cravada no Colégio Estadual do Atheneu Norte-Riograndense.

Figura 16 – Placa Lugar de Memória – Emmanuel Bezerra dos Santos – Colégio do Atheneu Norte-Riograndense em 6/9/2023

Fonte: Pós TV DHnet

Emmanuel Bezerra dos Santos iniciou a militância no movimento estudantil no Colégio Estadual do Atheneu Norte-Riograndense na década de 1960. Assim, é considerado o maior símbolo do movimento estudantil da instituição e do Rio Grande do Norte. Essas ações têm a finalidade de integrar as memórias de Emmanuel Bezerra dos Santos com as memórias do Colégio Estadual do Atheneu Norte-Riograndense, que se constituiu em espaço de resistência do movimento estudantil na luta pela democracia durante a ditadura civil-militar.

Participaram do evento alunos(as) e professores(as) do Colégio Estadual do Atheneu Norte-Riograndense, membros do Diretório Central dos Estudantes (DCE) de Natal/RN, União dos Estudantes Secundaristas Potiguares (UESP), militantes do Movimento de Luta nos Bairros, Vilas e Favelas (MLB), integrantes de partidos políticos, sindicalistas, familiares e amigos de Emmanuel Bezerra dos Santos e militantes do PCR.

Em continuidade aos eventos rememorativos[40], similarmente, no dia 15 de setembro de 2023 foi realizada no Museu da Rampa[41], em Natal/RN, uma homenagem em memória a Emmanuel Bezerra dos Santos. O evento aberto ao público teve a participação de membros do comitê central do PCR, União de Estudantes Secundaristas Potiguares (UESP), Movimento de Lutas nos Bairros, Vilas e Favelas (MLB) e da União Juventude Rebelião (UJR). Os grupos relembraram a dedicação de Emmanuel Bezerra dos Santos, junto ao movimento estudantil, lutando por democracia durante o regime autoritário, assim como reafirmaram seus compromissos na continuidade da luta pelo direito à memória, à verdade e à justiça das vítimas da ditadura civil-militar brasileira.

Os movimentos realizados pelos ativistas dos Direitos Humanos no Rio Grande do Norte tiveram a finalidade de rememorar e refletir a trajetória de luta de pessoas engajadas nos movimentos sociais durante a ditadura civil-militar. Nesse sentido, relembrar os fatos simbólicos e contá-los para as novas gerações valoriza a memória de pessoas que perderam suas vidas por uma causa, por uma ideologia, como Emmanuel Bezerra dos Santos.

Logo, o Projeto Lugar de Memória emerge como uma série de celebrações importantes para o fortalecimento da democracia. A proposta procura preservar a história de protagonistas que defendiam a sociedade democrática em um período político autoritário. Desse modo, o jovem Emmanuel Bezerra dos Santos é considerado por ativistas dos Direitos Humanos e pelos movimentos sociais como um símbolo da resistência

---

[40] *Herói revolucionário Emmanuel Bezerra é homenageado em evento em Natal.* Disponível em: https://averdade.org.br/2023/09/heroi-revolucionário-emmanuel-bezerra-e-homenageado-em-evento-em-natal/. Acesso em: 25 mar. 2024.

[41] O Museu da Rampa está localizado às margens do Rio Potengi no Bairro de Santos Reis, Natal/RN. Inaugurado no dia 28 de janeiro de 2023, o espaço foi aberto para contar, através de três exposições, a importância histórica de Natal no início da aviação e da participação da cidade na Segunda Guerra Mundial (1939-1945). A cidade possuiu a maior base aérea militar norte-americana fora dos Estados Unidos. Conheça o Complexo Cultural da Rampa. Disponível em: https://agorarn.com.br/ultimas/conheca-o-complexo-cultural-da-ramapa/. Acesso em: 25 jan. 2024.

contra a ditadura civil-militar. O projeto defende a preservação da memória, a valorização do sistema político democrático e visa contribuir para a compreensão e reflexão sobre os fatos ocorridos na ditadura civil-militar.

3.2.3 Peça teatral: Às gerações futuras

A Escola Estadual Godofredo Cacho desenvolveu diversas atividades pedagógicas sobre o tema ditadura civil-militar no ano de 2023. Entre as atividades desenvolvidas na instituição de ensino destacamos a utilização de textos, leitura de poemas, leitura de cordéis, exposição de fotografias, estudo da biografia de Emmanuel Bezerra dos Santos, exibição de vídeos e a apresentação da peça teatral Às gerações futuras. Essas atividades são manifestações atuais das memórias acerca da ditadura civil-militar. Logo, como profissional, professor da disciplina de História da escola, participamos auxiliando e acompanhando todo o desenvolvimento das atividades.

A apresentação da peça ocorreu no dia 14 de julho de 2023 no Ginásio Poliesportivo da Escola Estadual Godofredo Cacho, em Caiçara do Norte/RN. Foi uma apresentação simbólica, pois nesse dia completavam-se 31 anos da chegada dos restos mortais de Emmanuel Bezerra dos Santos a Caiçara do Norte/RN e a São Bento do Norte/RN. A peça teatral foi a culminância do trabalho desenvolvido pela comunidade escolar (gestores, coordenação pedagógica, professores(as), discentes) durante o primeiro semestre do ano letivo de 2023. O enredo, a direção e a sonoplastia ficaram sob a coordenação do professor de Artes. A peça teve como atores/atrizes os alunos(as) e funcionários(as) da Escola Estadual Godofredo Cacho, que auxiliaram na organização do cenário e no figurino.

O objetivo da peça teatral foi contar a história de vida de Emmanuel Bezerra dos Santos. Assim, mostrar aos discentes que podemos aprender Histórias por meio de apresentações teatrais e que a História é uma disciplina importante para conhecermos e compreendermos os acontecimentos do passado. Conforme a BNCC (Brasil, 2018) preconiza, o conhecimento pode ser ensinado por meio das práticas artísticas, levando em consideração as diferentes dimensões da vida social, cultural, política, histórica, econômica, estética e ética.

Desse modo, foram encenados na peça os principais fatos ocorridos na vida de Emmanuel Bezerra dos Santos. Com ênfase para os acontecimentos da infância dele em Caiçara do Norte e São Bento do Norte, a adolescência em Natal/RN, onde participou dos movimentos estudantis e na fase adulta, atuando como militante político percorrendo o Brasil e o exterior. A trama enfatizou a luta de Emmanuel Bezerra dos Santos contra a ditadura civil-militar e em defesa da redemocratização do país.

Figura 17 – Escola Estadual Godofredo Cacho

Fonte: o autor

A exibição foi acompanhada por músicas da trilha sonora das décadas de 1960 e 1970 que caracterizam o período da ditadura civil-militar, a saber: *Caminhando e cantando* (Geraldo Vandré), *Alegria, alegria* (Caetano Veloso), *Cálice* (Chico Buarque), *Lágrimas de uma mãe* (Abel Porto), *Onde estará meu amor* (Chico César e Maria Bethânia).

A ditadura civil-militar instituída no Brasil passou a criar leis que limitavam a atuação democrática do movimento estudantil. Logo, líderes como Emmanuel Bezerra dos Santos foram perseguidos e presos por subversão. A peça teatral *Às gerações futuras* apresentou em sua encenação a prisão, as torturas e a morte de Emmanuel Bezerra dos Santos.

O texto narra as dificuldades enfrentadas pela família, principalmente pela Sra. Joana Elias Bezerra (mãe de Emmanuel Bezerra dos Santos). Ela procurou ajuda dos amigos, de políticos e advogados para obter informações sobre ele e também lutar por sua liberdade. Nas cenas fica claro que a Sra. Joana Elias Bezerra não obteve ajuda para trazer seu filho de volta a Caiçara do Norte. Mas ela sempre manteve a esperança de ver seu filho vivo e em liberdade. Desse modo, restava-lhe apenas a fé.

Na peça os atores e as atrizes, por meio de poesias, anunciaram a morte de Emmanuel Bezerra dos Santos em 1973, assim como o translado dos restos mortais de Emmanuel Bezerra dos Santos, de São Paulo/SP para Natal/RN e depois para Caiçara do Norte/RN e São Bento do Norte/RN em 1992, após a redemocratização do Brasil. Esse fato teve uma grande repercussão na sociedade norte-rio-grandense. Os atores/atrizes em suas poesias adjetivaram Emmanuel Bezerra dos Santos de "herói popular".

A última parte da peça teatral *Às gerações futuras* apresenta cenas que fazem referência à recepção feita pela população na chegada dos restos mortais de Emmanuel Bezerra dos Santos a Caiçara do Norte/RN e a São Bento do Norte/RN no dia 14 de julho de 1992. A população demonstra curiosidade e respeito ao conterrâneo ilustre que desafiou a ditadura civil-militar.

Portanto, a encenação de *Às gerações futuras* provocou fortes emoções na comunidade escolar. A peça possibilitou reflexões sobre os fatos ocorridos durante a ditadura civil-militar no Brasil, sensibilizando a comunidade escolar a pensar acerca das implicações desses acontecimentos na sociedade atual. Desse modo, o ensino da História por meio de peças teatrais desperta nos educandos o senso crítico sobre os fatos e possibilita ao aluno(a) localizar-se no tempo e no espaço. Além disso, os educandos aprendem a trabalhar em grupo e a desenvolver habilidades que promovam confiança, cooperação e respeito.

Logo, teatro na disciplina de História tem um grande potencial de aprendizagem. A arte colabora para que os discentes aprendam História com mais facilidade e os motiva a gostar da disciplina. A peça teatral *Às gerações futuras* possibilitou aos alunos o aprofundamento de suas compreensões sobre os desafios enfrentados por aqueles que resistiram ao regime autoritário, bem como proporcionou uma experiência visual e emocional para o público sobre os eventos históricos. Assim, foi fundamental para sensibilizar as pessoas sobre a importância da defesa dos Direitos Humanos e do engajamento cívico em defesa da democracia.

Destarte, a Escola Estadual Godofredo Cacho, por meio de seu Projeto Político Pedagógico (2019, p. 5), tem como Objetivos Educacionais:

> [...] viabilizar ações pedagógicas que propiciem ao corpo discente da Escola um desenvolvimento amplo em relação ao conhecimento de si e do mundo, estimulando sua capacidade crítica, ética, cognitiva, afetiva e cultural, visando à inserção social e a busca do exercício da cidadania.

A peça teatral *As gerações futuras*, ao retratar a história de Emmanuel Bezerra dos Santos, não apenas cumpriu o papel de informar sobre os eventos do passado, mas estimulou a reflexão ampla dos discentes sobre si e o mundo. A atividade cultural provocou o sentimento de empatia com o outro, contribuindo para o entendimento da importância do exercício da cidadania em uma sociedade democrática. Como afirma o Projeto Político Pedagógico (2019, p. 1), "a educação é um processo que precisa ser reinventado e reconstruído de maneira permanente". Nesse contexto, tanto o Projeto Lugar de Memória quanto a peça teatral *As gerações futuras* colaboraram para o aprendizado do tema ditadura civil-militar por meio do ensino de História.

4

UMA PROPOSTA DE ENSINO DE HISTÓRIA A PARTIR DA MEMÓRIA

Este trabalho discute o tema ditadura civil-militar brasileira (1964-1985) no ensino de História. Conforme já apresentado no Capítulo 1, o conteúdo ditadura civil-militar é preconizado nos documentos oficiais como a Base Nacional Comum Curricular (Brasil, 2018), Documento Curricular do Estado do Rio Grande do Norte – Ensino Fundamental (2018) e Projeto Político Pedagógico (PPP, 2019) da Escola Estadual Godofredo Cacho. Além disso, a ditadura civil-militar brasileira está presente no Capítulo 11 do livro didático da coleção *Vontade de Saber – História* (2018). Esse manual é adotado pela Escola Estadual Godofredo Cacho, como foi mostrado no Capítulo 2.

Consideramos que o livro didático de História é um importante recurso pedagógico que auxilia professores e alunos no processo de ensino-aprendizagem. Todavia, o conteúdo acerca da ditadura civil-militar presente no manual da coleção *Vontade de Saber – História* (2018) se constitui como uma fonte limitada. O livro não discute as memórias dos fatos ocorridos no Rio Grande do Norte acerca da ditadura civil-militar. Logo, o manual apresenta narrativas historiográficas mais gerais, com ênfase para os fatos históricos ocorridos nas regiões Sudeste e Sul do país.

Por essa razão, e diante de muitas possibilidades de atividades que podem ser desenvolvidas por professores(as) para o ensino de História acerca da ditadura civil-militar, escolhemos propor uma sequência didática como produto final da dissertação. De acordo com Zabala (1998), sequência didática é um conjunto de atividades ordenadas, estruturadas e articuladas para a realização de certos objetivos educacionais, que têm um princípio e um fim conhecidos tanto pelos professores como pelos alunos.

No que diz respeito à sequência didática, a pesquisadora Helenice Rocha (2015, p. 92) entende que:

> A atividade é uma alternativa de planejamento que leva em conta as especificidades dos conteúdos e de seus objetivos de aprendizagem ao longo de um período delimitado. Ela se encontra entre outras modalidades de organização da aula, tais como atividades de rotina e projetos didáticos.

Portanto, compreendemos que a sequência didática se constitui como uma estratégia metodológica de organizar as atividades a serem desenvolvidas de maneira sucessiva. Ela auxilia no aperfeiçoamento da prática educativa, proporcionando a interação dos docentes com os discentes e destes com os demais colegas, facilitando o aprendizado dos assuntos propostos pela BNCC.

Com relação ao conteúdo a ser trabalhado no 9.º ano, a Base Nacional Comum Curricular (Brasil, 2018) sugere que:

> Para os discentes das turmas do 9º ano, deve-se abordar a história republicana do Brasil até os tempos atuais, incluindo as mudanças ocorridas após a Constituição de 1988, destacando o protagonismo de diferentes grupos e sujeitos históricos [...] ressaltar a importância do debate sobre Direitos Humanos, com a ênfase nas diversidades identitárias, especialmente na atualidade (Brasil, 2018, p. 416).

Organizamos uma proposta seguindo as diretrizes da BNCC para o ensino de História do Tempo Presente. Essa atividade se propõe a discutir questões acerca da memória pertencente aos grupos locais que lutam na defesa da democracia, dos Direitos Humanos e pelo reconhecimento de suas identidades. Seguimos ainda as orientações do Projeto Político Pedagógico (2019) da Escola Estadual Godofredo Cacho, que defende como valores o projeto educativo para uma sociedade democrática, participativa, inclusiva, solidária e, sobretudo, baseada na dignidade da pessoa humana.

Temos o propósito de discutir as memórias historiográficas sobre a ditadura civil-militar presentes no livro didático e as memórias que não estão presentes nos manuais escolares. Ou seja, as memórias materializadas em textos, fotografias, vídeos, apresentações artísticas que encontramos, por exemplo, no espaço no qual atuamos como professor de História. Dessa maneira, o livro didático da coleção *Vontade de Saber – História* (2018) se constitui como uma fonte historiográfica importante. Por sua vez, a sequência didática que propomos constitui-se numa proposta alternativa para o ensino da História acerca da ditadura civil-militar brasileira, além de considerar os conteúdos do referido livro didático e os conteúdos encontrados em outras fontes.

O recorte temporal e temático para se discutir o assunto ditadura civil-militar e as memórias que foram construídas acerca de Emmanuel Bezerra dos Santos constitui-se em um conteúdo amplo. As memórias da ditadura civil-militar e de Emmanuel Bezerra dos Santos ultrapassam o período autoritário. Após a ditadura civil-militar, diversos eventos foram realizados pela sociedade civil organizada nas efemérides relembrando momentos importantes de fatos ocorridos nesse período, assim como posteriormente, já apresentados no Capítulo 3.

O regime político durou muito tempo, iniciando-se em 1964 e terminando em 1985 (21 anos). De acordo com a historiografia, a ditadura civil-militar passou por diferentes fases. A primeira foi a legalização do regime autoritário por meio de decretos-leis e da criação de uma nova Constituição em 1967. A segunda se caracterizou pelo aumento da repressão e da violência contra os opositores do regime. A terceira e última fase definiu-se com a abertura política que teve início em 1974. Também chamada de fase de transição, teve como destaque a criação da Lei de Anistia e as mobilizações da população pelas eleições diretas para presidente da República.

A vitória de um civil (Tancredo de Almeida Neves) nas eleições indiretas para presidente do Brasil em 1984, com a posse do vice-presidente José Sarney de Araújo Costa em 1985, marca o término da ditadura civil-militar e o início do regime político democrático. O novo regime passou a se consolidar com a promulgação da Constituição de 1988. Todavia, o regime político autoritário deixou marcas na sociedade brasileira. Logo, podemos constatar esses vestígios da memória nas diversas manifestações políticas, sociais e culturais ocorridas nas últimas décadas e atualmente que reivindicam o direito à memória, à verdade e à justiça, como visto no Capítulo 2.

Nos planejamentos pedagógicos anuais e bimestrais, orientados pelo Projeto Político Pedagógico (PPP) da Escola Estadual Godofredo Cacho e pelos Parâmetros Curriculares Nacionais (PCNs) para as turmas do 9.º ano do ensino fundamental II, geralmente programamos o ensino de História acerca da ditadura civil-militar para o 3.º bimestre do ano letivo. No entanto, o ensino da História mais recente (pós-ditadura civil-militar) é planejado para o 4.º bimestre. Nesse sentido, o livro didático da coleção *Vontade de Saber – História* (2018) que utilizamos na escola discute os conteúdos históricos acerca da democracia liberal brasileira atual no Capítulo 12, nomeado de "O mundo contemporâneo".

O conteúdo da sequência didática contempla o período da ditadura civil-militar e temas decorrentes dele. Assuntos que são abordados no livro didático (Constituição de 1988, Movimento Estudantil, Comissão Nacional da Verdade) e que estão em discussão na sociedade brasileira.

As discussões sobre as memórias que foram construídas acerca da ditadura civil-militar e de Emmanuel Bezerra dos Santos não se limitam ao período autoritário, são discutidas na contemporaneidade nos mais diversos espaços. As lembranças da ditadura civil-militar se manifestam em muitas fontes, tais como: apresentações artísticas, movimentos sociais, fotografias, vídeos, documentos, monumentos, livros e depoimentos orais de pessoas que viveram o período da ditadura civil-militar.

Os temas que poderemos discutir são muitos, como, por exemplo, perseguição política, censura, prisões, torturas, assassinatos, movimentos de resistência e outros. Essas temáticas são narradas resumidamente no livro didático e podem ser identificadas na trajetória de vida de Emmanuel Bezerra dos Santos (já apresentado no Capítulo 3) que permite fazer esse diálogo.

Portanto, iremos utilizar o livro didático como uma fonte que ajudará na compreensão dos conteúdos que desenvolvemos na sequência didática. As atividades da sequência didática não se caracterizam como um assunto complementar ao conteúdo do livro didático, mas este vai auxiliar na compreensão do conhecimento de determinadas questões no ensino da História da ditadura civil-militar.

A Escola Estadual Godofredo Cacho cumpre as orientações curriculares preconizadas pela Lei de Diretrizes e Bases da Educação Nacional (1996), Parâmetros Curriculares Nacionais (1997), Base Nacional Comum Curricular (2018), Documento Curricular do Estado do Rio Grande do Norte – Ensino Fundamental (2018) e o Projeto Político Pedagógico (2019). Entre os objetivos específicos para o ensino de História presente no Projeto Político Pedagógico da Escola Estadual Godofredo Cacho, podemos destacar:

> [...] reconhecer mudanças e permanências nas vivências humanas, presentes na realidade local e em outras comunidades, próximas ou distantes no tempo e no espaço; despertar o senso de valorização do patrimônio sociocultural; identificar lutas sociais, guerras e revoluções refletindo sobre os temas históricos e questões do presente (PPP, 2019, p. 30).

Os planejamentos estratégicos da Escola Estadual Godofredo Cacho são organizados pela equipe pedagógica em três etapas: anual, bimestral e semanal. Portanto, nas reuniões são programados objetivos, ações e metas para a prática educativa, permitindo que os docentes, discentes e a instituição escolar alcancem os resultados esperados. Por sua vez, o ano letivo escolar é dividido em 04 bimestres. Nessa perspectiva, para as turmas do 9.º ano do ensino fundamental II, são programadas 02 horas-aulas semanais para a disciplina de História, totalizando 16 horas-aulas por bimestre.

Nós nos propomos a programar uma sequência didática com 08 horas-aulas, sendo 04 (quatro) encontros de 100 minutos cada. Nas quatro primeiras aulas da sequência didática utilizaremos textos e vídeos que discutem a história local acerca da ditadura civil-militar. Esses conteúdos serão usados em conjunto com os conteúdos historiográficos da seção "O sujeito da história" do Capítulo 11, intitulado "A ditadura civil-militar no Brasil", do livro didático da coleção *Vontade de Saber – História* (2018), no 3.º bimestre do ano letivo.

Já as últimas quatro aulas da sequência didática serão ministradas em alternância com os temas historiográficos do Capítulo 12, nomeado de "O mundo contemporâneo", do livro didático da coleção *Vontade de Saber – História* (2018), no 4.º bimestre do ano letivo.

As atividades planejadas da sequência didática abordam as memórias que foram construídas acerca de Emmanuel Bezerra dos Santos que estão relacionadas com a ditadura civil-militar. Portanto, alguns conteúdos serão trabalhados de maneira integrada e ampliada para dar conta da realidade local. Buscamos abordar as memórias locais acerca de Emmanuel Bezerra dos Santos mostrando que estão relacionadas com um contexto mais amplo da História do Rio Grande do Norte e do Brasil. Portanto, esperamos que as reflexões acerca da ditadura civil-militar proporcionem conhecimentos históricos significativos aos discentes com o desenvolvimento da autonomia intelectual.

4.1 Sequência didática

Etapa da escolaridade a que se destina: 9.º ano do ensino fundamental II

Componente curricular: História

Tempo pedagógico: 08 horas-aulas (04 encontros de 100 minutos cada)

Quadro 3 – Ditadura civil-militar no Brasil: os sujeitos na História

Aulas 1 e 2	
Objetivo Geral	• Identificar nas narrativas textuais os principais acontecimentos ocorridos na vida dos sujeitos estudados durante a ditadura civil-militar brasileira.
Objetivos Específicos	• Descrever os fatos identificados nos textos acerca da trajetória de vida de Emmanuel Bezerra dos Santos que demonstrem seu protagonismo como sujeito da história. • Registrar os principais fatos ocorridos na vida dos sujeitos identificados como protagonistas no texto do livro didático acerca da ditadura civil-militar.
Justificativa	O livro a ser utilizado, *Emmanuel Vida & Morte* (1992), constitui-se de memórias que foram publicadas na década de 1990 por grupos de pessoas (ativistas de Direitos Humanos) integrantes da sociedade civil organizada (Comissão de Justiça e Paz, Centro de Direitos Humanos e Memória Popular do RN e Partidos Políticos). Esses cidadãos conviveram com Emmanuel Bezerra dos Santos nas décadas de 1960 e 1970 e conheceram a história de vida do jovem comunista. Após a ditadura civil-militar, os ativistas em Direitos Humanos no RN homenagearam o ex-companheiro registrando e publicizando as principais memórias de Emmanuel Bezerra dos Santos em um livro. Por sua vez, o livro didático da coleção *Vontade de Saber – História* (2018), no Capítulo 11, ao tratar da ditadura civil-militar apresenta recortes biográficos de diversos sujeitos que lutaram contra a ditadura civil-militar em outras regiões do país. A utilização dos textos para leitura ajudará no ensino da ditadura civil-militar.
Recursos Didáticos	Livro/textos, lousa, pincel, cartolinas, canetas, cadernos.
Competências da BNCC	CG1 – valorizar e utilizar os valores historicamente construídos sobre o mundo físico, social, cultural e digital para entender e explicar a realidade, continuar aprendendo e colaborar para construção de uma sociedade mais justa democrática e inclusiva. CG2 – exercitar a curiosidade intelectual e recorrer às abordagens próprias das ciências, incluindo a investigação, a reflexão, a análise crítica, a imaginação e a criatividade para investigar causas, elaborar e testar hipóteses, formular e resolver problemas e criar soluções (inclusive tecnológica), com base nos conhecimentos das diferentes áreas.

Aulas 1 e 2	
Estratégias – descrição do passo a passo das atividades	a) Ao iniciar a aula o(a) professor(a) poderá realizar uma roda de conversa na sala de aula e solicitar que os aprendentes façam em seus cadernos uma Linha do Tempo descrevendo os principais fatos de que tenham conhecimento na história local acerca da ditadura civil-militar que ocorreram a partir do ano 1990, informando verbalmente na sequência.
	b) Em seguida, o(a) professor(a) poderá exibir o vídeo: Depoimentos Projeto Brasil Nunca Mais – Dom Paulo Evaristo Arns – 05m39s. Na sequência dialogar com os discentes acerca do vídeo.
	c) Posteriormente, o(a) professor(a) poderá dividir a turma em 06 grupos.
	d) 03 (três) grupos receberão o texto: *O combatente Emmanuel Bezerra*, de autoria do Sr. José Willington Germano, selecionado pelo professor(a) do livro de memórias *Emmanuel vida & morte* (1992).
	e) 03 (três) grupos receberão recortes biográficos da seção "O Sujeito na História" apresentada no Capítulo 11 do livro didático da coleção *Vontade de Saber – História* (2018).
	f) Os grupos se reunirão separadamente para a realização de leituras, buscando identificar os principais fatos na trajetória de vida de Emmanuel Bezerra dos Santos narrados no texto *O combatente Emmanuel Bezerra*.
	g) Os grupos se reunirão separadamente para realização de leituras, buscando identificar os principais fatos narrados nos recortes biográficos da seção "O Sujeito na História" apresentada no Capítulo 11 do livro didático da coleção *Vontade de Saber – História* (2018).
	h) Os discentes, fazendo uso de uma cartolina, desenvolverão uma Linha do Tempo identificando os principais acontecimentos acerca da trajetória de vida de Emmanuel Bezerra dos Santos encontrados no texto.
	i) Os discentes, fazendo uso de uma cartolina, desenvolverão uma Linha do Tempo para cada indivíduo identificado na seção "O Sujeito na História" do Capítulo 11 do livro didático da coleção *Vontade de Saber – História* (2018), descrevendo os principais fatos contidos nos recortes biográficos acerca da vida dos sujeitos.
	j) Cada grupo apresentará seus trabalhos para a turma. Em seguida, será criado um mural na sala de aula com as atividades produzidas.

Aulas 1 e 2	
Avaliação das Aulas	A avaliação será processual, a saber: a) O(a) professor(a) poderá observar durante as aulas se os alunos(as) foram capazes de identificar, nas narrativas presentes no texto "O combatente Emmanuel Bezerra" do livro *Emmanuel Vida & Morte* (1992), os principais acontecimentos da vida de Emmanuel Bezerra dos Santos relacionados com a ditadura civil-militar. b) O(a) docente poderá verificar se os discentes foram capazes de identificar, no Capítulo 11 do livro didático da coleção *Vontade de Saber – História* (2018), outros protagonistas (sujeitos da história). c) Do mesmo modo, o(a) professor(a) poderá averiguar se foi possível os aprendentes realizarem as atividades propostas: 1) criação de uma Linha do Tempo descrevendo e registrando os principais acontecimentos da vida de Emmanuel Bezerra dos Santos; 2) realização de outras Linhas do Tempo descrevendo e registrando os principais fatos constatados na vida de outros protagonistas, "sujeitos da história", presentes no texto do livro didático; 3) apresentação da atividade (Linhas do Tempo) para a turma e realização do mural na sala de aula. d) Além disso, o(a) professor(a) poderá observar o desenvolvimento de habilidades e competências individuais e coletivas dos discentes.
Referências	GERMANO, José Willington. O combatente Emmanuel Bezerra. *In*: VASCONCELOS, Hélio *et al*. *Emmanuel Vida & Morte*. Natal, RN: Clima, 1992. p. 17-20. Disponível em: http://www.dhnet.org.br/emmanuel/livro_emmanuel_bezerra_vida_e_morte.pdf DIAS, Adriana Machado; GRINBERG, Keila; PELLEGRINI, Marco César. A ditadura civil-militar brasileira. *In*: DIAS, Adriana Machado; GRINBERG, Keila; PELLEGRINI, Marco César. *Vontade de Saber: História*. 9.º ano, Ensino Fundamental, anos finais. São Paulo: Quinteto Editorial, 2018. p. 242-269. Disponível em: https://issuu.com/editoraftd/docs/vontade-de-saber-historia-mp-9-novo_divulgacao Depoimentos Projetos Brasil Nunca Mais – Dom Paulo Evaristo Arns – Tempo: 05m39s. *YouTube*. Disponível em: https://www.youtube.com/watch?v=4A1jQUniFjE

Fonte: elaborado pelo autor

Quadro 4 – Ditadura civil-militar: o movimento estudantil e as memórias de Emmanuel Bezerra dos Santos

Aulas 3 e 4	
Objetivo Geral	Conhecer a atuação do movimento estudantil brasileiro entre 1967 e 1970 durante a ditadura civil-militar e no início da década de 1990.
Objetivos Específicos	• Identificar as principais ações do movimento estudantil e de Emmanuel Bezerra dos Santos no Rio Grande do Norte durante a ditadura civil-militar. • Compreender as diferentes formas de resistências realizadas pelo movimento estudantil contra a ditadura civil-militar brasileira. • Entender o movimento estudantil denominado de caras-pintadas, ocorrido em 1992 na democracia liberal brasileira.
Justificativa	O texto 1 "A trajetória de Emmanuel Bezerra dos Santos: de Caiçara para o Brasil" apresenta o caminho percorrido pelo jovem comunista líder do movimento estudantil no RN entre os anos de 1967 e 1970. O conteúdo narra o envolvimento de Emmanuel Bezerra dos Santos com a política, as prisões, torturas, assassinato, desaparecimento político e o translado de seus restos mortais. O assunto será discutido em conjunto com o texto 2 "O movimento estudantil". Ele constitui o Capítulo 11, intitulado A ditadura civil-militar brasileira. Logo, complementa o estudo o texto 3 nomeado de "O Brasil na década de 1990". Esse fragmento textual aborda o movimento estudantil, os jovens que ficaram conhecidos por caras-pintadas no processo de impeachment do ex-presidente Fernando Affonso Collor de Mello em 1992 na democracia liberal. Os textos 2 e 3 têm como referência o livro didático da coleção Vontade de Saber – História (2018).
Recursos Didáticos	Textos, papel, madeira ou cartolina, pincel, lápis, caderno, lousa.
Competências da BNCC	CG10 – Agir pessoal e coletivamente com autonomia, responsabilidade, flexibilidade, resiliência e determinação, tomando decisões com base em princípios éticos, democráticos, inclusivos, sustentáveis e solidários. CEH6 – Compreender e problematizar os conceitos e procedimentos norteadores da produção historiográfica.

	Aulas 3 e 4
Estratégias – descrição do passo a passo das atividades	a) A turma será dividida em 06 (seis) grupos. b) Três grupos receberão o texto 1: "A trajetória de Emmanuel Bezerra dos Santos: de Caiçara para o Brasil". c) Três grupos utilizarão os textos 2 ("O movimento estudantil") e 3 ("O Brasil na década de 1990") do livro didático da coleção Vontade de Saber – História (2018). d) Os grupos poderão reunir-se separadamente para realizar a leitura dos textos, identificando os principais acontecimentos acerca do movimento estudantil. e) Com auxílio do professor(a), os grupos que receberem o texto 1 poderão elaborar um mapa mental em cartolinas associando a trajetória de Emmanuel Bezerra dos Santos ao movimento estudantil apresentado no texto. f) Com colaboração do professor(a), os grupos que receberem os textos 2 e 3 desenvolverão um mapa mental em cartolinas tendo como tema central o movimento estudantil. g) Após a elaboração dos mapas mentais, os grupos apresentarão seus trabalhos para a turma e montarão um mural expositivo na sala de aula. Observação: um mapa mental é um diagrama que se elabora para representar ideias, tarefas ou outros conceitos que se encontram relacionados com uma palavra-chave ou ideia central, e cujas informações relacionadas entre si são irradiadas (em seu redor).
Avaliação das Aulas	A avaliação será formativa e analisará a participação dos discentes na atividade proposta, a saber: a) O professor(a) poderá observar se os alunos(as) foram capazes de conhecer e identificar as principais ações de Emmanuel Bezerra dos Santos no movimento estudantil no Rio Grande do Norte entre 1967 e 1970, e se foram capazes de elaborar corretamente a atividade proposta (elaboração de um mapa mental) com apresentação para os colegas de turma. b) O(a) docente poderá averiguar se os discentes compreenderam as diferentes formas de resistências realizadas pelo movimento estudantil contra a ditadura civil-militar brasileira narradas no texto 2 ("O movimento estudantil") e se os aprendentes entenderam as ações realizadas pelo movimento estudantil denominado de caras-pintadas em 1992, na democracia liberal, narradas no texto 3 ("O Brasil na década de 1990").

Aulas 3 e 4	
Avaliação das Aulas	c) O(a) professor(a) verificará se os aprendentes realizaram corretamente os mapas mentais propostos como atividade e se apresentaram-no para a turma. d) O(a) docente poderá observar as habilidades desenvolvidas pelos alunos(as) de forma individual e coletivamente.
Referências	NASCIMENTO, Antonio Xavier. A trajetória de Emmanuel Bezerra dos Santos: de Caiçara para o Brasil. In: NASCIMENTO, Antonio Xavier. O ensino de História entre memórias: a ditadura civil-militar no Brasil e as memórias acerca de Emmanuel Bezerra dos Santos. 2024. Dissertação (Mestrado em História) – Universidade Federal do Rio Grande do Norte, 2024. DIAS, Adriana Machado; GRINBERG, Keila; PELLEGRINI, Marco César. A ditadura civil-militar brasileira. In: DIAS, Adriana Machado; GRINBERG, Keila; PELLEGRINI, Marco César. Vontade de Saber: História. 9.º ano, ensino fundamental, anos finais. São Paulo: Quinteto Editorial, 2018. Disponível em: https://issuu.com/editoraftd/docs/vontade-de-saber-historia-mp-9-novo_divulgacao

Fonte: elaborado pelo autor

Quadro 5 – O Brasil após a ditadura civil-militar

Aulas 5 e 6	
Objetivo Geral	Conhecer os direitos promovidos pela Constituição de 1988 aos cidadãos brasileiros no novo regime político estabelecido "democracia liberal".
Objetivo Específico	• Dialogar acerca da emancipação da cidadania promovida pela Constituição de 1988. • Conhecer e compreender as memórias da ditadura civil-militar presentes no vídeo Emmanuel Bezerra vive, produzido pela TV Memória Popular em 1992.

Aulas 5 e 6	
Justificativas	O texto a ser utilizado é intitulado de "A Constituição de 1988". Ele está presente no Capítulo 12 do livro didático da coleção Vontade de Saber – História (2018). O conteúdo expõe diversos direitos civis que foram restituídos após a ditadura civil-militar e ampliados pela Constituição de 1988, expandindo o direito à cidadania aos brasileiros. Em seguida, usaremos o vídeo Emmanuel Bezerra vive, que foi produzido no ano de 1992 em tributo ao líder comunista do Rio Grande do Norte, assassinado em 4 de setembro de 1973 durante a ditadura civil-militar. O curta narra o poema "Às gerações futuras" e a trajetória de vida de Emmanuel Bezerra dos Santos. Assim, apresenta o translado dos restos mortais de Emmanuel Bezerra dos Santos de São Paulo/SP para Natal/RN e posteriormente para Caiçara do Norte/RN e São Bento do Norte/RN. Destaca o acolhimento dos conterrâneos e a comoção social com grande repercussão na imprensa potiguar. As memórias apresentadas no vídeo são resultado de conquistas democráticas que visam valorizar o direito à memória, à verdade e à justiça das pessoas que lutaram pela democracia e foram vítimas da ditadura civil-militar. Desse modo, a trajetória de vida de Emmanuel Bezerra dos Santos é objeto do conhecimento histórico. Portanto, o texto e o vídeo são fontes para o ensino de História da ditadura civil-militar e da democracia liberal da atualidade. Todavia, as narrativas acerca de Emmanuel Bezerra dos Santos não estão presentes nos livros didáticos para o ensino de História.
Recursos Didáticos	Livro didático, textos impressos, recursos audiovisuais/multimídia, caneta, caderno.
Competências da BNCC	CG9 – Exercitar a empatia, o diálogo, a resolução de conflitos e a cooperação, fazendo-se respeitar e promovendo o respeito ao outro e aos Direitos Humanos, com acolhimento e valorização da diversidade de indivíduos e de grupos sociais, seus saberes, identidades, culturas e potencialidades, sem preconceitos de qualquer natureza. CECH7 – Utilizar as linguagens cartográfica, gráfica e iconográfica e diferentes gêneros textuais e tecnologias digitais de informação e comunicação no desenvolvimento do raciocínio espaçotemporal relacionado à localização, distância, direção, duração, simultaneidade, sucessão, ritmo e conexão. CEH4 – Identificar interpretações que expressam visões de diferentes sujeitos, culturas e povos com relação a um mesmo contexto histórico, e posicionar-se criticamente com base em princípios éticos, democráticos, inclusivos, sustentáveis e solidários.

	Aulas 5 e 6
Estratégias –descrição do passo a passo das atividades	a) O professor poderá apresentar a proposta à turma, organizar a sala de aula para que seja formado um grande círculo (roda de conversa). b) Solicitar aos(às) alunos(as) que realizem a leitura compartilhada do texto "A Constituição de 1988" presente no Capítulo 12 do livro didático da coleção Vontade de Saber – História (2018). c) Dialogar acerca dos principais pontos apresentados no texto: legalização dos partidos políticos; extinção da censura aos meios de comunicação; condenação e proibição das práticas envolvendo tortura no país; garantia dos direitos à liberdade de expressão, desde que mantidas as condições pacíficas de convivência. d) No momento seguinte será feito o uso de recursos audiovisuais com a exibição do vídeo Emmanuel Bezerra vive!, de produção da TV/Memória Popular. e) Com auxílio/mediação do professor, os discentes poderão dialogar, mostrando suas percepções/compreensões acerca das memórias apresentadas no vídeo, associando-as aos tópicos do texto "A Constituição de 1988" do livro didático.
Avaliação das Aulas	A avaliação será formativa e analisará a participação dos discentes nas atividades propostas, a saber: a) O(a) professor(a) poderá observar se os alunos(as) foram capazes de conhecer e dialogar sobre os direitos promovidos pela Constituição de 1988 que motivaram a emancipação da cidadania. b) O(a) docente poderá verificar se os discentes conheceram e compreenderam as memórias da ditadura civil-militar presentes no vídeo Emmanuel Bezerra vive como resultado de conquistas democráticas que visam valorizar o direito à memória, à verdade e à justiça. c) O(a) professor(a) poderá analisar a participação individual e coletiva dos discentes por meio da oralidade dos aprendentes nos momentos das rodas de conversas e inferir a aprendizagem histórica dos alunos(as) acerca do texto e do vídeo estudados.
Referências	DIAS, Adriana Machado; GRINBERG, Keila; PELLEGRINI, Marco César. O mundo contemporâneo. In: DIAS, Adriana Machado; GRINBERG, Keila; PELLEGRINI, Marco César. Vontade de Saber: História. 9.º ano, ensino fundamental, anos finais. São Paulo: Quinteto Editorial, 2018. Disponível em: https://issuu.com/editoraftd/docs/vontade-de-saber-historia-mp-9-novo_divulgacao Emmanuel Bezerra vive!. TV Memória Popular. 06m08s. [S. l.]: Centro de Direitos Humanos e Memória Popular/RN, 6 de mar. 2020. 7min08s. Disponível em: https://www.youtube.com/watch?v=ZYXI1qIS8s8&-t=24s. Acesso em: 9 out. 2023.

Fonte: elaborado pelo autor

Quadro 6 – Aula de Campo: visita a locais de memórias que receberam o nome de Emmanuel Bezerra dos Santos, na cidade de Caiçara do Norte/RN

Aulas 7 e 8	
Objetivo Geral	Conhecer os lugares de memórias que receberam o nome de Emmanuel Bezerra dos Santos no município de Caiçara do Norte/RN, possibilitando relacionar com as memórias historiográficas estudadas em sala de aula sobre o tema ditadura civil-militar.
Objetivos Específicos	• Compreender as diferentes narrativas acerca das instituições que receberam o nome de Emmanuel Bezerra dos Santos. • Registrar, por meio da escrita, fotografias ou vídeos, os diferentes lugares de memórias. • Observar no espaço geográfico local o registro das diferentes memórias acerca de Emmanuel Bezerra dos Santos e da ditadura civil-militar que não estão presentes nos livros didáticos de História.
Justificativas	As explicações históricas são relacionais, sempre dependem do entendimento que teremos dos fatos que ocorreram em uma região, país ou no mundo com os indivíduos. Logo, a memória que está institucionalizada no município de Caiçara do Norte/RN, acerca de Emmanuel Bezerra dos Santos, possui uma ligação direta com as memórias traumáticas herdadas da ditadura civil-militar, que está ligada diretamente aos grupos regionais e nacionais. Desse modo, é importante que os alunos(as) conheçam essa relação para que aprendam o conhecimento histórico a partir do local em que vivem.
Recursos Didáticos	Caderno, caneta, câmera fotográfica/smartphone.
Competências da BNCC	CG9 – Exercitar a empatia, o diálogo, a resolução de conflitos e a cooperação, fazendo-se respeitar e promovendo o respeito ao outro e aos Direitos Humanos, com acolhimento e valorização da diversidade de indivíduos e de grupos sociais, seus saberes, identidades, culturas e potencialidades, sem preconceitos de qualquer natureza.
Estratégias – descrição do passo a passo das atividades	a) Antes das visitas aos locais de memórias o professor(a) poderá apresentar o roteiro das visitas, os objetivos e dividir a turma em grupos de no máximo 04 aprendentes. b) A primeira visita ocorrerá à Escola Municipal Emmanuel Bezerra dos Santos. c) A segunda visita acontecerá à placa "Lugar de Memória Emmanuel Bezerra dos Santos" na praça pública do bairro Rocas.

Aulas 7 e 8	
Estratégias – descrição do passo a passo das atividades	d) A terceira visita será ao Espaço Cultural e Biblioteca Emmanuel Bezerra dos Santos. e) O quarto local a ser visitado será a casa onde Emmanuel Bezerra dos Santos morou quando criança, no bairro Rocas. f) Nos dois primeiros locais de memórias, os discentes serão recebidos por professores que terão por finalidade contar brevemente as memórias e a história do patrimônio material que leva o nome de Emmanuel Bezerra dos Santos e poderão apresentar documentos, fotografias e relatos/testemunhos (memórias) acerca de Emmanuel Bezerra dos Santos. g) No quarto local de memória, a antiga residência dos pais de Emmanuel Bezerra dos Santos, serão observadas as permanências e as transformações do espaço, que será comparado com as memórias fotográficas que estão presentes nos textos estudados.
Orientações para Aula de Campo	Os(as) professores(as) e alunos(as) poderão tomar alguns cuidados com a saúde e a segurança na aula de campo. Desse modo, fazer uso de vestimentas adequadas, como calça jeans ou de brim e boné; levar protetor solar; fazer o uso de tênis com meias e orientar os alunos a levarem, cada um, sua garrafinha de água.
Avaliação das Aulas	Será exigido dos grupos de alunos(as) a realização de um relatório de no mínimo 01 (uma) e no máximo de 02 (duas) laudas, contendo fotografias e a descrição das percepções dos discentes dos lugares de memórias visitados que receberam o nome de Emmanuel Bezerra dos Santos. Os relatórios serão entregues ao(à) professor(a) para correção e encadernação. Logo, o docente poderá observar nas descrições de cada relatório: a) Se foi possível os discentes conhecerem e registrarem os lugares de memórias que receberam o nome de Emmanuel Bezerra dos Santos no município de Caiçara do Norte/RN. b) Analisar se os(as) alunos(as) conseguiram perceber que as instituições visitadas foram nomeadas na democracia liberal da atualidade, mas que o nome delas está relacionado com as memórias da ditadura civil-militar. c) Identificar se os discentes perceberam que os lugares de memórias visitados por eles não aparecem nos textos dos livros didáticos para o ensino de História da ditadura civil-militar.

Fonte: elaborado pelo autor

CONSIDERAÇÕES FINAIS

Quando começamos o trabalho de pesquisa constatamos que havia uma grande quantidade de memórias acerca de Emmanuel Bezerra dos Santos na Escola Estadual Godofredo Cacho, no município de Caiçara do Norte/RN, que se remetiam à ditadura civil-militar. Por isso, consideramos importante entender como essas memórias foram construídas e preservadas por moradores e autoridades do referido município do Rio Grande do Norte.

Procuramos abordar a ditadura civil-militar brasileira (1964-1985) no ensino da História tomando como referência as memórias construídas sobre o militante político potiguar Emmanuel Bezerra dos Santos. Trata-se de conteúdo prescrito para o ensino fundamental II e ensino médio (Brasil, 2018), e como tal está presente nos livros didáticos destinados aos alunos e professores de História. O desafio inicial assumido foi estabelecer diálogo entre as abordagens historiográficas de caráter nacional e as memórias construídas no município potiguar de Caiçara do Norte sobre a temática.

No percurso da pesquisa refletimos sobre a temática ditadura civil-militar e apresentamos como o assunto tem sido debatido pela historiografia e como esse conhecimento repercute no ensino de História da escola básica. Analisamos como o tema ditadura civil-militar é abordado no livro didático utilizado na Escola Estadual Godofredo Cacho. Observamos que houve a ampliação das discussões sobre o tema ditadura civil-militar. Mas ainda existem certas limitações dos manuais didáticos por não dialogarem acerca da história local. Assim, constatamos que as memórias acerca de Emmanuel Bezerra dos Santos e de outros sujeitos protagonistas não aparecem nas narrativas presentes nos livros didáticos para o ensino de História sobre a ditadura civil-militar. Essa reflexão de certa forma é chancelada por pesquisadoras e pesquisadores do ensino e por professores e professoras do Profhistória.

No decurso da pesquisa constatamos a institucionalização do nome de Emmanuel Bezerra dos Santos em órgãos públicos e a realização de diversas manifestações promovidas por escolas, movimentos sociais, partidos políticos e ativistas dos Direitos Humanos na sociedade norte-rio-grandense. As ações realizadas pela sociedade civil organizada tiveram a finalidade de promover a memória de vítimas da ditadura civil-militar e defender a democracia liberal. Essas práticas políticas e sociais que discutem a ditadura civil-militar fazem parte do cotidiano dos discentes e podem ser abordadas no ensino de História como conhecimento escolar.

Nossa pesquisa não conseguiu ter acesso às leis municipais de Caiçara do Norte/RN que criaram datas comemorativas, feriados e nomearam órgãos públicos com o nome de Emmanuel Bezerra dos Santos. Do mesmo modo, não foi possível encontrar nos arquivos do Projeto Memória Viva, do Colégio Estadual do Atheneu Norte-Riograndense, exemplares dos jornais *O realista* e o *Jornal do Povo*, produzidos pelo movimento estudantil na década de 1960.

Por conseguinte, apresentamos uma sequência didática cuja preocupação é abordar a ditadura civil-militar para alunos(as) de turmas do 9.º Ano do ensino fundamental II, não apenas conceitualmente e por meio dos conteúdos distantes da realidade do público escolar, mas incluindo na proposta as memórias locais acerca do assunto. Entendemos que, se procuramos trabalhar com conteúdo próximo ao público com o qual trabalhamos, não poderíamos continuar deixando fora da sala de aula temáticas que muitas vezes estão presentes na escola, nas ruas, praças e instituições frequentadas pelos alunos e alunas da escola em que trabalhamos.

Esperamos que a sequência didática que propomos venha servir para outros docentes como modelo a ser utilizado e adaptado à realidade de suas comunidades escolares. Que a proposta possa ser utilizada para estabelecer uma relação entre os conteúdos historiográficos do livro didático e os conhecimentos que estão presentes no espaço escolar em diferentes fontes (livros, poemas, notícias de jornais, peças teatrais, vídeos, fotografias). A proposta tem a finalidade de proporcionar aos discentes e docentes diferentes fontes e narrativas para o ensino de História acerca da ditadura civil-militar.

Por fim, ao concluirmos o trabalho de pesquisa, ficamos com a sensação de que foi possível construir uma proposta minimamente coerente acerca de como abordar a temática da ditadura civil-militar no Brasil. Consideramos os acontecimentos ocorridos em diferentes espaços e com diferentes personagens, inclusive incluindo os lugares onde Emmanuel Bezerra nasceu, cresceu e viveu a sua infância, adolescência e parte da sua vida adulta: a sua terra natal.

REFERÊNCIAS

ALENCAR, Mauro. Futebol e novela na memória do povo. In: Congresso Brasileiro de Ciências da Comunicação, 25., 2002, Salvador. Anais [...]. São Paulo: Intercom, 2002.

ALMEIDA, Luciano de. Ideologia, eu quero uma pra viver: Cazuza. In: VASCONCELOS, Hélio et al. Emmanuel Vida & Morte. Natal, RN: Clima, 1992. p. 23. Disponível em: chrome-extension://efaidnbmnnnibpcajpcglclefindmkaj/https://www.dhnet.org.br/emmanuel/livro_emmanuel_bezerra_vida_e_morte.pdf. Acesso em: 7 fev. 2023.

ARAÚJO, Maria do Amparo Almeida et al. (org.). Dossiê dos mortos e desaparecidos políticos a partir de 1964. Prefácio de Dom Paulo Evaristo Arns, apresentação de Miguel Arraes de Alencar. Recife: Companhia Editora de Pernambuco, 1995.

BARROS, José D'Assunção. História e memória: uma relação na confluência entre tempo e espaço. Mouseion, v. 3, n. 5, jan./jun. 2009.

BAUER, Caroline. As políticas de memória e de esquecimento sobre as ditaduras argentina e brasileira através das rememorações dos golpes civil-militares. In: SIMPÓSIO NACIONAL DE HISTÓRIA, 26., São Paulo, 2011. Anais [...]. São Paulo: Anpuh, 2011.

BERTONI, Izabella Gomes Lopes. Arte de guerrilha e ensino de história: abordagem didática da resistência à ditadura civil-militar no Brasil a partir das obras de Cildo Meireles. 2018. 248 f. Dissertação (Mestrado em Ensino de História) – Universidade Federal do Paraná, Curitiba, 2018.

BEZERRA, Holien Gonçalves; LUCA, Tânia Regina de. Em busca da Qualidade PNLD – História – 1996 – 2004. In: SPOSITO, Maria Encarnação Beltrão (org.). Livros Didáticos de História e Geografia. Avaliação e Pesquisa. São Paulo: Cultura Acadêmica, 2006.

BITTENCOURT, Circe Maria Fernandes. Ensino de História: fundamentos e métodos. 2. ed. São Paulo: Cortez, 2008.

BITTENCOURT, Circe Maria Fernandes. Reflexões sobre o ensino de História. Estudos Avançados, v. 32, n. 93, p. 127-149, 2018.

BORGES, Nilton. A Doutrina de Segurança Nacional e os governos militares. In: FERREIRA, Jorge; DELGADO, Lucilia de Almeida Neves (org.). O tempo da ditadura: regime militar e movimentos sociais em fins do século XX. Rio de Janeiro: Civilização Brasileira, 2003. p. 17-24.

BRASIL. Comitê Nacional de Educação em Direitos Humanos. Plano Nacional de Educação em Direitos Humanos. Brasília: Secretaria Especial dos Direitos Humanos, Ministério da Educação, Ministério da Justiça, Unesco, 2007. 76 p.

BRASIL. Conselho Federal de Educação. Parecer n.º 853/71. Fixa o núcleo-comum para os currículos do ensino de 1º e 2º graus, definindo-lhes os objetivos e a amplitude. Revista Documenta, n. 132, Brasília, DF, nov. 1971.

BRASIL. Constituição (1988). Constituição da República Federativa do Brasil. Brasília, DF: Senado Federal: Centro Gráfico, 1988.

BRASIL. Decreto n.º 33.292, de 27 de dezembro de 2023. Institui o Comitê Estadual da Verdade, Memória e Justiça do Rio Grande do Norte (CEV/RN) e dá outras providências. Disponível em: http://adcon.rn.gov.br/ACERVO/gac/DOC/DOC000000000324667.PDF. Acesso em: 25 ago. 2024.

BRASIL. Decreto n.º 62.455, de 22 de março de 1968. Institui a Fundação Movimento Brasileiro de Alfabetização – MOBRAL. Brasília, DF: Palácio do Planalto, 1968. Disponível em: https://legislacao.presidencia.gov.br/atos/?tipo=DEC&numero=62455&ano=1968&ato=472UTSE90djRVTa96. Acesso em: 26 jul. 2023.

BRASIL. Decreto n.º 91.542, de 19 de agosto de 1985. Institui o Programa do Livro, dispõe sobre sua execução e dá outras providências. Disponível em: https://www2.camara.leg.br/legin/fed/decret/1980-1987/decreto-91542-19-agosto--1985-441959-publicacaooriginal-1-pe.html. Acesso em: 9 abr. 2023.

BRASIL. Decreto-Lei n.º 314, de 13 de março de 1967. Lei que define os crimes contra a segurança nacional, a ordem política e social e dá outras providências. Brasília, DF: Palácio do Planalto, 1967. Disponível em: http://www.planalto.gov.br/ccivil_03/decreto-lei/1965-1988/Del0314.htm. Acesso em: 7 fev. 2023.

BRASIL. Decreto-Lei n.º 477, de 26 de fevereiro de 1969. Define infrações disciplinares praticadas por professores, alunos, funcionários ou empregados de estabelecimentos de ensino público ou particulares, e dá outras providências. Disponível em: https://www.planalto.gov.br/ccivil_03/decreto-lei/1965-1988/del0477.htm Acesso em: 18 jan. 2024.

BRASIL. Decreto-Lei n.º 869, de 12 de setembro de 1969. Dispõe sobre a inclusão da Educação Moral e Cívica como disciplina obrigatória nas escolas de todos os graus e modalidades do sistema de ensino no país e dá outras providências. Diário Oficial da União, Brasília, DF, 1969.

BRASIL. Lei de Diretrizes e Bases da Educação Nacional. LDB n.º 9.394/1996. Disponível em: http://www.planalto.gov.br/ccivil_03/leis/l9394.htm. Acesso: 23 jan. 2023.

BRASIL. Lei n.º 12.528, de 18 de novembro de 2011. Cria a Comissão Nacional da Verdade no âmbito da Casa Civil da Presidência da República. Diário Oficial da República Federativa do Brasil, Poder Executivo, Brasília, DF, 18 nov. 2011.

BRASIL. Lei n.º 5.379, de 15 de dezembro de 1967. Provê sobre a alfabetização e a educação continuada de adolescentes e adultos. Brasília, DF: Palácio do Planalto, 1967. Disponível em: https://legislacao.presidencia.gov.br/atos/?tipo=LEI&numero=5379&ano=1967&ato=22dAzZU90MZRVT6a0. Acesso em: 23 jun. 2023.

BRASIL. Lei n.º 5.692, de 11 de agosto de 1971. Fixa Diretrizes e Bases para o ensino de 1º e 2º graus, e dá outras providências. Disponível em: https://www2.camara.leg.br/legin/fed/lei/1970-1979/lei-5692-11-agosto-1971-357752-publicacaooriginal-1-pl.html. Acesso em: 21 ago. 2023.

BRASIL. Lei n.º 6.683, de 28 de agosto de 1979. Concede anistia e dá outras providências. Disponível em: https://www.planalto.gov.br/ccivil_03/leis/l6683.htm. Acesso em: 22 dez. 2023.

BRASIL. Lei n.º 8.069/1990, de 13 de julho de l990. Dispõe sobre o Estatuto da Criança e do Adolescente e dá outras providências. Disponível em: http://www.planalto.gov.br/ccivil_03/leis/l8069.htm. Acesso em: 13 set. 2023.

BRASIL. Lei n.º 9.140, de 4 de dezembro de 1995. Reconhece como mortas pessoas desaparecidas em razão de participação, ou acusação de participação, em atividades políticas, no período de 02 de setembro de 1961 a 15 de agosto de 1979, e dá outras providências. Disponível em: https://www.planalto.gov.br/ccivil_03/leis/l9140.htm. Acesso em: 16 set. 2023.

BRASIL. Ministério da Educação. Base Nacional Comum Curricular. Brasília: MEC, 2018.

BRASIL. Ministério da Educação. Parâmetros Curriculares Nacionais para o Ensino Fundamental. Brasília: MEC/SEF, 1997.

BRASIL. Secretaria Especial dos Direitos Humanos. Secretaria Especial sobre Mortos e Desaparecidos Políticos. Direito à Verdade e à Memória: Comissão Especial sobre Mortos e Desaparecidos Políticos – Brasília: Secretaria Especial dos Direitos Humanos, 2007.

CAMPOS, Emerson César de; FALCÃO, Luiz Felipe; LOHN, Reinaldo Lindolfo. Tempo presente brasileiro: cultura política, ditaduras e historiografia na perspectiva de Rodrigo Patto Sá Motta. Revista Tempo e Argumento, Florianópolis, v. 3, n. 2, p. 245-264, 2011. Disponível em: https://revistas.udesc.br/index.php/tempo/article/view/2175180303022011245. Acesso em: 29 mar. 2023.

CANUTO, Geane Fialho. Em nome da revolução: o PCR (Partido Comunista Revolucionário) e a luta contra a ditadura militar. 2016. 125 f. Dissertação (Mestrado em Ciências Sociais) – Universidade Federal do Rio Grande do Norte, Natal, 2016.

CAPISTRANO, Luciano Fábio Dantas. O Golpe Militar no Rio Grande do Norte e os Norte-Rio-Grandenses mortos e desaparecidos: 1969-1973. Natal: Sebo Vermelho, 2010.

CENSO ESCOLAR DE 2022. Escola Estadual Godofredo Cacho. Disponível em: https://qedu.org.br/escola/24026026-escola-estadual-godofredo-cacho. Acesso em: 12 mar. 2024.

Centro de Documentação e Memória da Unesp. Há 31 anos era descoberta a vala clandestina de Perus. CEDEM - Unesp, 1 set. 2021. Disponível em: https://www.cedem.unesp.br/#!/noticia/503/ha-31-anos-era-descoberta-a-vala-clandestina-de-perus. Acesso em: 17 out. 2023.

CHAUÍ, Marilena de Sousa. Democracia e a educação como direito. São Paulo: Universidade de São Paulo, 2019. Disponível em: https://aterraeredonda.com.br/democracia-e-a-educacao-como-direito/. Acesso em: 23 maio 2023.

COMISSÃO DA VERDADE DA UFRN. Relatório Final. Universidade Federal do Rio Grande do Norte. Natal/RN: Edufrn, 2015. 490 p.

Comissão da Verdade da UFRN. Verdades cruzadas: um panorama dos trabalhos da Comissão da Verdade da UFRN (2012 – 2015). UFRN, Natal/RN, 2015. Disponível em: https://comissaodaverdade.ufrn.br/documento.php?id=168057618. Acesso em: 24 abr. 2024.

COMISSÃO NACIONAL DA VERDADE – CNV. Relatório. v. 2. Brasília: CNV, 2014.

DAEFIOL, Regina Célia. Ditadura e revisionismo no Brasil: as disputas de narrativas e seus reflexos no direito à memória, verdade e justiça das vítimas do regime autoritário (1964-1985). In: Encontro Regional de História, 17., 2020, Curitiba. Anais [...]. São Paulo: Anpuh, 2020. Disponível em: https://ufmg.br/comunicacao/noticias/e-preciso-enfrentar-os-discursos-nostalgicos-da-ditadura-afirma-rodrigo-patto-sa-motta. Acesso em: 28 mar. 2023.

DIAS, Adriana Machado; GRINBERG, Keila; PELLEGRINI, Marco César (org.). Vontade de Saber: História. 9.º ano, Ensino Fundamental, anos finais. São Paulo: Quinteto Editorial, 2018.

DREIFUSS, René Armand. 1964: a conquista do estado. Ação política, poder e golpe de classe. Petrópolis: Vozes, 1981.

EMMANUEL Bezerra dos Santos, exemplo de jovem revolucionário. Jornal A Verdade. Disponível em: https://averdade.org.br/2023/08/emmanuel-bezerra-dos-santos-exemplo-de-jovem-revolucionario/. Acesso em: 16 nov. 2023.

FAGUNDES, José Evangelista; ANDRADE, Joel Carlos de Souza. Pensando a história: noções introdutórias. In: ALVEAL, Carmen Margarida Oliveira; FAGUNDES, José Evangelista; ROCHA Raimundo Nonato Araújo da (org.). Reflexões sobre história local e produção de material didático. Natal: EdUFRN, 2017.

FALCÃO, Osvaldo Santos. Formação em Direitos Humanos no Ensino de História: diálogos entre a escola e uma sociedade polarizada. 2019. 96 f. Dissertação (Mestrado em Ensino de História) – Universidade Federal do Rio Grande do Norte, Natal, 2019.

FICO, Carlos. Ditadura militar brasileira: aproximações teóricas e historiográficas. Revista Tempo e Argumento, Florianópolis, v. 9, n. 20, p. 5-74. jan./abr. 2017.

FICO, Carlos. História do Tempo Presente, eventos traumáticos e documentos sensíveis – o caso brasileiro. Varia História, Belo Horizonte, v. 28, n. 47, p. 43-59, jan./jun. 2012. Disponível em: scielo.br/j/vh/a/P7RGYBDbYn755mZRVGq3vGx/?format=pdf.

FONSECA, Selva Guimarães. Caminhos da História Ensinada. Magistério, Formação e Trabalho pedagógico. 3 ed. Campinas: Papirus, 1993.

FONSECA, Selva Guimarães. Didática e prática de ensino de História. 2. ed. Campinas: Papirus, 2004.

GATTI JUNIOR, Décio. A escrita escolar da História: livro didático e ensino no Brasil (1970-1990). Bauru: Edusc; Uberlândia: EdUFU, 2004. 250 p.

GENARI, Élton Rigotto. Revisionismo, memória e ensino de história da ditadura civil-militar – por uma prática politizante. 2018. 139 f. Dissertação (Mestrado profissional) – Universidade Estadual de Campinas, Campinas, SP, 2018.

GERMANO, José Willington. O combatente Emmanuel Bezerra. In: VASCON-CELOS, Hélio et al. Emmanuel Vida & Morte. Natal, RN: Clima, 1992. p. 17-20. Disponível em: http://www.dhnet.org.br/emmanuel/livro_emmanuel_bezerra_vida_e_morte.pdf. Acesso em: 15 jan. 2023.

HALBWACHS, Maurice. A memória coletiva. Trad. Laurent Léon Schaffter. 2. ed. São Paulo: Editora Revista dos Tribunais, 1990.

Instituto Brasileiro de Geografia e Estatística – IBGE. Site oficial. Disponível em: https://www.ibge.gov.br/cidades-e-estados/rn/caicara-do-norte.html. Acesso em: 8 jan. 2023.

MACÊDO, Muirakytan Kennedy de. Educação pela cidade: aprendendo com o patrimônio e a memória urbana. In: ALVEAL, Carmen Margarida Oliveira; FAGUNDES, José Evangelista; ROCHA, Raimundo Nonato Araújo da (org.). Reflexões sobre história local e produção de material didático. Natal: EdUFRN, 2017.

MARTINS FILHO, João. Roberto. O movimento estudantil na conjuntura do golpe. In: Caio Navarro de Toledo (org.). 1964 Visões críticas do golpe: Democracia e reformas no populismo. 1. ed. Campinas: Editora da Unicamp, 1997. 1 v. p. 75-81.

MARTINS, Maria do Carmo. Reflexos reformistas: o ensino das humanidades na ditadura militar brasileira e as formas duvidosas de esquecer. Educar em Revista, Curitiba, n. 51, p. 37-50, jan./mar. 2014.

MEDEIROS, Antonio Carlos Cabral de. ABC dos mortos e desaparecidos políticos do Rio Grande do Norte: uma história do Memorial "RN: Nunca Mais". 2021. 68 f. Monografia (Graduação em História) – Universidade Federal do Rio Grande do Norte, Natal, 2021.

MELO, Demian Bezerra de. Ditadura "civil-militar"?: controvérsias historiográficas sobre o processo político brasileiro no pós-1964 e os desafios do tempo presente. Espaço Plural, ano XIII, n. 27, 2.º semestre, p. 39-53, 2012. ISSN 1518-4196.

MONTEIRO, Ana Maria. Ensino de História: entre História e Memória. In: SILVA, G. V. da; SIMÕES, R. H. S.; FRANCO, S. P. (org.). História e Educação: territórios em convergência. Vitória, ES: UFES/GM/PPGH, 2007. p. 59-80, 2007.

MOTTA, Rodrigo Patto Sá. 'É preciso enfrentar os discursos nostálgicos da ditadura', afirma Rodrigo Patto Sá Motta. [Entrevista cedida a] Letícia Sá. Universidade Federal de Minas Gerais, Pesquisa e Inovação, Notícias, Minas Gerais, 19 nov. 2021. Disponível em: https://ufmg.br/comunicacao/noticias/e-preciso-enfrentar-os-discursos-nostalgicos-da-ditadura-afirma-rodrigo-patto-sa-motta. Acesso em: 10 de set. 2023.

MOTTA, Rodrigo Patto Sá. Ditadura militar no Brasil: historiografia, política e memória. 2017. Entrevista. Disponível em: https://www.cafehistoria.com.br/entrevista-rodrigo-patto-sa/. Acesso em: 20 set. 2023.

MÜLLER, Angélica. O "acontecimento de 1968" brasileiro: reflexões acerca de uma periodização da cultura de contestação estudantil. Revista de História, São Paulo, n. 180, 2021.

NASCIMENTO, Antonio Xavier. Análise do uso das Tecnologias Digitais de Informação e Comunicação como mediadoras no processo ensino-aprendizagem nas Aulas Remotas Emergenciais. Portfólio (Curso de Especialização em Tecnologias Educacionais e Educação a Distância) – Instituto Federal de Educação, Ciência e Tecnologia do Rio Grande do Norte, Natal, 2021.

NASCIMENTO, Francineide de Lima Silva. Grupos Escolares do Rio Grande do Norte (1907-1930): Cultura e forma escolares. In: Simpósio Nacional de História, 29., 2018, Brasília. Anais eletrônicos [...]. São Paulo: Anpuh, 2018. Disponível em: http://www.snh2017.anpuh.org/resources/anais/54/1489617184_ARQUIVO_Artigocompleto-Salvo.pdf. Acesso em: 20 set. 2023.

NASCIMENTO, Thiago Rodrigues. Licenciatura curta em Estudos Sociais no Brasil: sua trajetória na Faculdade de Formação de Professores de São Gonçalo/RJ (1973-1987). 2012. 234 f. Dissertação (Mestrado em História Social do Território) – Universidade do Estado do Rio de Janeiro, São Gonçalo, 2012.

NORA, Pierre; AUN KHOURY, T. Y. Entre memória e história: a problemática dos lugares. Projeto História: Revista do Programa de Estudos Pós-Graduados de História, São Paulo, v. 10, p. 7-28, 2012. Disponível em: https://revistas.pucsp.br/index.php/revph/article/view/12101. Acesso em: 25 abr. 2023.

PARTIDO COMUNISTA REVOLUCIONÁRIO. Site oficial. Disponível em: https://pcrbrasil.org/pcr/historia/. Acesso em: 24 jun. 2023.

PAULA, Thiago do Nascimento Torres de; MEDEIROS, Natália Pereira de. Educação em direitos humanos no documento curricular da SEEC-RN: o ensino religioso. Revista Unitas, v. 8, n. 2, 2020.

PEREIRA, Marcelo. Fim do Mandato, governo aprova relatório e encerra Comissão de Mortos e Desaparecidos na Ditadura. Disponível em: https://g1.globo.com/política/notícia/2022/12/31/no-fim-do-mandato-governo-aprova-relatório--e-encerra-comissao-de-mortos-na-ditadura.ghtml. Acesso em: 20 jan. 2024.

PEREIRA, Marcelo. Fim do Mandato, governo aprova relatório e encerra Comissão de Mortos e Desaparecidos na Ditadura. O Globo, 2022. Disponível em: https://g1.globo.com/política/notícia/2022/12/31/no-fim-do-mandato-governo-apro-va-relatório-e-encerra-comissao-de-mortos-na-ditadura.ghtml. Acesso em: 20 jan. 2024.

POLLAK, Michael. Memória e identidade social. Estudos históricos, v. 5, ano 10. Rio de Janeiro, 1992.

PORTAL DHNET, Direitos Humanos. Site oficial. Disponível em: http://www.dhnet.org.br/w3/emmanuel/index.html. Acesso em: 27 jun. 2023.

PRIORI, A., et al. História do Paraná: séculos XIX e XX. A Ditadura Militar e a violência contra os movimentos sociais, políticos e culturais. Maringá: Eduem, 2012.

PROJETO POLÍTICO PEDAGÓGICO – PPP. Escola Estadual Godofredo Cacho. Caiçara do Norte/RN, 2019.

QUEIROZ, Deborah Silva de. Memória da resistência à Ditadura Militar Brasileira: guia para utilização de filmes em sala de aula. 2016. 215 f. Dissertação (Mestrado Profissional em Ensino de História) – Universidade Federal do Rio de Janeiro, Rio de Janeiro, 2016.

QUEIROZ, Gustavo. Lula recria Comissão de Mortos e Desaparecidos extinta por Bolsonaro. Brasil de Fato, 2024. Disponível em: https://www.brasildefato.com.br/2024/07/04lula-recria-comissao-de-mortos-e-desaparescidos-extinta-por--bolsonaro. Acesso em: 2 set. 2024.

REIS FILHO, Daniel Aarão. A ditadura civil-militar. O Globo, 2012. Disponível em: https://www.oabrj.org.br/artigo/ditadura-civil-militar-daniel-aarao-reis. Acesso em: 6 fev. 2023.

REIS FILHO, Daniel Aarão. Ditadura militar e revolução socialista no Brasil. Palestra ministrada pelo Prof. Dr. Daniel Aarão Reis Filho (Universidade Federal

Fluminense). Disponível em: http://periodicos.unesc.net/index.php/historia/article/viewFile/213/213. Acesso em: 5 abr. 2023.

RIO GRANDE DO NORTE. Decreto n.º 10.231, de 9 de dezembro de 1988. Regulamenta a criação das escolas estaduais que se encontram em funcionamento sem decreto de criação, sob a jurisdição do 4º NURE e dá outras providências. Disponível em: https://leisestaduais.com.br/rn/decreto-n-10231-1988-rio--grande-do-norte-regulamenta-a-criacao-das-escolas-estaduais-que-se--encontram-em-funcionamento-sem-decreto-de-criacao-sob-a-jurisdi-cao-do-4o-nure-e-da-outras-providencias?r=p. Acesso em: 13 mar. 2023.

RIO GRANDE DO NORTE. Secretaria de Educação e Cultura. Documento curricular do Estado do Rio Grande do Norte. Ensino Fundamental. Natal, 2018.

ROCHA, Aristeu Castilhos da. O regime militar no livro didático de História no ensino médio: a construção de uma memória. 2008. 382 f. Tese (Doutorado em História) – Pontifícia Universidade Católica do Rio Grande do Sul, Porto Alegre, 2008.

ROCHA, Helenice Aparecida Bastos Rocha. Aula de História: evento, ideia e escrita. História & Ensino, Londrina, v. 21, n. 2, p. 83-103, jul./dez. 2015.

RODRIGUES JUNIOR, Osvaldo; SEBA, Letícia. A ditadura militar narrada nos livros didáticos de História. História & Ensino, Londrina, v. 25, n. 2, p. 217-237, jul./dez. 2019.

ROSA, Evandro Viana. Memórias em disputa: a ditadura civil-militar e o ensino de história. 2020. 123 f. Dissertação (Mestrado Profissional de Ensino de História) –Universidade Federal do Rio Grande do Sul, Porto Alegre, 2020.

SALES, Cíntia Virgínia. "Amanhã há de ser outro dia": a ditadura civil-militar de segurança nacional na sala de aula. 2021. 128 f. Dissertação (Mestrado em Ensino de História) – Universidade Federal de Pernambuco, Recife, 2021.

SANTOS, Jordania de Souza. A repressão ao movimento estudantil na ditadura militar. Aurora, ano 3, n. 5, dez. 2009. ISSN: 1982-8004. Disponível em: www.marilia.unesp.br/aurora. Acesso em: 12 fev. 2023.

SCHMIDT, Maria Auxiliadora; BARCA, Isabel; MARTINS, Estevão de Rezende (org.). Jörn Rüsen e o Ensino de História. Curitiba: Editora da UFPR, 2010. p. 109-127.

SILVA, Kalina Vanderlei; SILVA, Maciel Henrique. Dicionário de conceitos históricos. 2. ed. 2.ª reimp. São Paulo: Contexto, 2009.

SILVA, Maria Vieira. O enfoque do negro no currículo escolar: alguma possibilidade de ressignificação. Revista Educação Popular, Uberlândia, n. 3, set. 2004.

SILVEIRA, Danielle Rodrigues. História do Tempo presente e livro didático: os sujeitos da Ditadura Militar nos livros didáticos de História. In: Simpósio Nacional de História, 28., 2015, Florianópolis. Anais [...]. São Paulo: Anpuh, 2015.

TORRES, Luiz Henrique. O conceito de história e historiografia. Rio Grande: Biblos, 1996.

VASCONCELOS, Hélio et al. Emmanuel vida & morte. Natal/RN: Clima, 1992. Disponível em: https://www.dhnet.org.br/emmanuel/livro_emmanuel_bezerra_vida_e_morte.pdf. Acesso em: 11 dez. 2023.

VEIGA, Patrick. Doutrina de segurança nacional: da construção do inimigo externo à conexão repressiva nas ditaduras de segurança nacional na América Latina entre os anos 1960-1980. Disponível em: https://movimentorevista.com.br/2021/06/doutrina-de-seguranca-nacional. Acesso em: 15 jan. 2023.

ZABALA, Antoni. A prática educativa: como ensinar. Trad. Ernani F. da F. Rosa. Porto Alegre: ArtMed, 1998.